花の木
幡神社
吉田商店
花畑村
花の木小中学校
吉田のおばあさんの家
小中共用グランド
田島家（モヨばあさん

マコの宝物

花の木の里の物語

ガキ大将じいさまのこと ―― 179

花の木の里の物語

花の木の子

花の木は、人の字形に開けた谷間の里です。

マコはその里に住む小学二年生。今日は、日曜日。となりの町で働く父さまに会いにいきます。

鉱山《こうざん》バスの運転手だった父さまが、温泉《おんせん》町のタクシー会社に住み込《こ》みで働くようになってからというもの、父さまの月三回のお休みがいつも学校のある日になってしまったからです。

花の木では、ほとんどの家がお百姓《ひゃくしょう》です。お父さんはいつでも家にいて、学校がお休みの日には、大人も子どもも家族みんなが田や山でいっしょに働きます。でもマコの家には、日曜日に父さまがいません。マコは父さまといっしょに仕事をすることができないのです。マコが七歳《さい》になって、ひとりで汽車に乗れるようになったころ、家じゅうで話し合って、学校が休みの日には、マコと妹のノコが父さまの会社までお弁当《べんとう》を届《とど》けることになりました。

春が来て、冬のあいだに稲刈《か》りの終わった田んぼで育った麦もすっかり実りました。今日は、母さまたちが麦刈りでいそがしいので、弟のケンも連れていきます。

マコの家は、三方を山に囲まれた、花《はな》の尾《お》村の奥《おく》にあります。家から村に降《お》りる坂の途中《とちゅう》からは、村の家々や北の山沿《ぞ》いに走る川と車道《くるまみち》、そして学校や駅の方へとゆるやかに下る棚田《たなだ》が見えます。

マコやノコは、お友だちに会いたくなると、坂に立って、「フウちゃーん、遊ぼう」とか「マンガが届いたから早よおいでやー」と大声で叫《さけ》びます。するとあっちこっちの家の縁側《えんがわ》や庭から、「今日はお手玉で遊ぼう。持っておいでね」とか「今行くよー。待っちょってね」と誰《だれ》かが応《こた》えてくれます。大人たちは「坂がきつうて、荷を持って登るのによっぽど骨《ほね》が折れる」と言うけれど、マコはいつも、村じゅうが見わたせる坂の上に家があるのは、とってもステキなことだなあと思っています。

今朝もマコは、坂の途中に立ち止まって、村じゅうを見わたしました。春の陽ざしのなか、麦がきれいに色づいたまわりの田んぼでは、子どもたちを交えた麦刈りが始まって、いつもの何倍もにぎやかです。マコの家でも、朝早くから母さまたちが、車道に近い田の麦を刈っています。マコたちを送りだしたばあさまも、もうすぐ合流するでしょう。

村のまん中の道をまっすぐに下ると、どこの家でも、庭でお母さんやお姉さんが、朝の片《かた》づけをしたり洗《あら》い物を干《ほ》したりしています。

「おはようございまーす」

「まあまあ、三人おそろいで、どちらへおいでかね」

声をかけられるたびにノコが立ち止まります。

「父さまの会社までお弁当を持っていきます。父さまの好きなノリ玉子焼きも入っちょります」

ノコは、お芝居《しばい》のセリフを言うみたいに同じ答えをくりかえします。

「そりゃあまあ。お父さまは、さぞお待ちかねじゃろうね。気をつけておいでや」

「はーい」

(この調子でいちいち立ち止まったら、汽車に乗り遅《おく》れるよ)

ノコを待ちながら、マコはちょっとイライラします。

ふだんは一時間で行ける駅までの道です。でも二歳のケンの手を引いて、四人分のお弁当が入った重い重箱を持って行くのです。今日も十時半の汽車に乗るために、八時すぎには家を出てきました。


川沿いの車道まで来ると、両側からケンを引っぱるようにして三人並《なら》んで歩けるようになります。川向こうの棚田にも、あっちこっちに麦刈りの人が見えます。

花の木では、学校が田植え休みや稲刈り休みになると、二、三日のあいだに、里じゅうの景色がすっかり変わってしまいます。田植え休みが終わると、山腹につづく棚田には水が張られ、花の木に、山や空を映《うつ》す湖の階段《かいだん》ができます。稲刈り休みになると、黄色かった田んぼには次々と稲架《はさ》が並んで、そこはまるで遊園地の迷路《めいろ》のような楽しい世界に変わります。今日もマコたちが帰ってくるころには、花の木じゅうの麦が刈られて、今とは違《ちが》う花の木になっているでしょう。

くにゅーん、くにゅーんと二回、山沿いのガケ道を曲がるとマコが通う花の木小中学校が見えてきます。

「どちらへおいでかね」

「お使いかね、えらいねぇ」

「気をつけておいでや」

道路沿いの田や家の庭からは次々に声をかけられます。そのたびにノコは、立ち止まって同じセリフをくりかえします。

「これで十一人目」

「十三人になったよ」

ようやく五十まで数えられるようになったノコが、その人数をささやきます。先週は駅までに二十六人だったのですから、マコは急がずにいられません。

ようやく学校の前まで来ると、学校の時計はまだ九時半です。ここまで来れば駅まであともう少しです。

（だいじょうぶ、汽車に間に合う）

　マコはちょっと安心しました。


「どっちの道？」

八幡《はちまん》さまの下まで来ると、マコはいつでも迷《まよ》います。

「子どもだけで通っちゃあいけん」

と言われる川沿いのデコボコ道の方が、車通りの三倍も近道なのですから。

（今日はケンがいるけど……　おちついて、ケンの手を引いて歩きますからね）

神様に約束して、近道を行くことにしました。

「ええかね。順番に迎《むか》えに来るからね。ここでまっちょってよ」

ガケが高くてひとりずつしか歩けないところに来ると、マコはノコとケンを山寄《よ》りに座《すわ》らせました。周りには家も田もなくて、誰の姿《すがた》も見えません。

（おちついて、ゆっくり、ゆっくり）

マコは大人になった気持ちでケンの手を引きます。

三人とも上手に渡《わた》れました。あと少しで車道です。駅が見えてきました。

「おう。今日もお父ちゃんのところへ行くかよ。親孝行《こうこう》じゃのう」

「行ってきまーす」

亡くなったじいさまと仲良しだった製材所《せいざいしょ》のおじいちゃんに会うと、マコはいつも
「うちは大きゅうになったよ」

と言いたい強い気持ちになります。

ようやく駅に着きました。近道をして来たから、待ち合い室はまだ空っぽです。

「坊《ぼう》も汽車に乗るんか。どこまで行くそかね」

駅員さんがケンの頭をなでながら話しかけてきます。

ノコとケンは小学校にあがっていないので、切符《きっぷ》は、「湯町まで往復《おうふく》。子ども一枚《まい》」です。マコはひとりで町へ行っておさいふを失くしてからというもの、必ず往復切符を買って、おさいふと切符を別々のポケットにしまうことに決めています。

「おいで」

窓口《まどぐち》の駅員さんがノコとケンを手まねきすると、

「はい。失くしちゃあいけんよ」

と言いながら、赤いひらがなで〈ゆまちいき ― はなのきもどり〉と書いてある大きな切符をふたりに渡しました。

マコがびっくりしていると
「これは、お使いに行くおりこうな子どものためのごほう

び切符です。ただです」

と言いながらマコにうなずきます。ふたりは、大きな切符を大事そうにポケットにしまいました。

大きな缶《かん》を背負《せお》った行商のおばさんと、ふたりの高校生がやってきました。今日、花の木から汽車に乗るのは全部で六人のようです。

汽車が着くと、高校生たちがノコの手を引いたりマコの重箱を持って乗ってくれました。駅員さんはケンを抱《だ》いてデッキの高校生にあずけてくれます。

(ありがとう)

トンネルをぬければもうすぐ湯町です。

マコたちの汽車が着くと、父さまはいつでもホームで待っていてくれます。それが必ずマコたちの降り口のまん前だから、マコには不思議でたまりません。父さまはまるで千里眼《せんりがん》みたいです。

「よお来たのぉ。待っちょったでよ。今日はこけんかったかよ」

ケンを抱き上げながら、父さまが笑い顔で聞きます。頭でっかちのケンは、しょっちゅうころんでは、頭にケガばっかりするのですから。

マコのまねをして、ケンも駅員さんに切符を渡します。

「こりゃぁええ切符を持っちょってじゃねぇ。帰りにもこれで乗りさんや」

駅員さんは、ケンが渡した切符を父さまに見せながら笑っています。父さまの会社は駅のまん前にあるので、父さまと駅員さんは友だちみたいです。

「あのね父さま……」

「昨日ケンがね……」

母さまからの手紙とお弁当を渡すと、マコとノコが競争みたいに大急ぎで話し始めます。ふたりには、父さまに会えたら話したいことやたずねたいことが、いつでもいっぱいあります。でも、マコたちがいるあいだにも、汽車が着いたり、電話がかかってきたり、お客さんが何組も来ます。そのたびに父さまたち三人の運転手さんが交替《こうたい》で出かけます。父さまとゆっくり話す時間はなかなかありません。

マコとノコは、お客さんがいないあいだに、車をみがいたり機械の調整をする父さまを手伝います。父さまは、マコがたずねるたびに、機械のしくみや道具の使い方を教えてくれます。

マコが大好きなのは、まだ中学校を出たばっかりの若造《わかぞう》だった父さまが、遠い町の自動車会社に入ったときのお話です。そこで父さまは整備士の学校に通い、自動車のことならなんでもわかるようになったのです。戦争になって油が足りなくなると、薪《まき》を焚《た》いて走る自動車まで作ったというのですからびっくりします。

父さまが出かけると、事務《じむ》のお姉さんを手伝ってお掃除《そうじ》をしたり、タクシーを待っているお客さんにお茶を出したりもします。ほかの運転手さんの子どもたちもお父さんに会いに来ているときは、いっしょに遊びます。

タクシーのお客さんが知り合いのとき、父さまはケンを助手席に乗せて連れていきます。マコとノコが乗せてもらえることはないけれど、父さまが乗せてきたお客さんが心からうれしそうに「ありがとうございました」と言うときや、父さまがいろいろな工具を使ってほかの運転手さんの車まで直してしまうとき、マコは父さまのことをとっても誇《ほこ》らしく思います。

「ちょっと私もおしょうばん」

お昼になって大テーブルにお弁当を開くと、おはしを持った運転手さんたちが集まってきます。みんなノリ玉子焼きが大好きなのです。冗談《じょうだん》を言い合いながらにぎやかにお弁当を食べている父さまを見て、マコは、（父さまは家のみんなにはなかなか会えないけれど、お友だちが大勢《おおぜい》いて、いっしょにご飯も食べられるから、だいじょうぶ、さびしくはないな）と思えてホッと安心します。

おやつの時間に、父さまがマコたちをお向かいの食堂に連れていって、おうどんやお好み焼きをごちそうしてくれることもあります。

（お弁当を持ってきて、ごちそうしてもらうのは、ちょっとヘンだな）

とも思います。でも食堂のない花の木に住むマコたちにとって、それは〈父さまとだけできる、とっても特別なこと〉なのです。

「汽車の中へ荷物を忘《わす》れるなよ」

汽車の時間が近づくと、父さまは、母さまへの手紙と、たのまれていた買い物をマコにあずけます。

汽車が止まると、ちょうどマコたちの前が乗り口でした。父さまにはやっぱり汽車がどこに止まるかわかるみたいです。何度聞いても父さまは、

「そりゃあひみつ。父さまのマホウノチカラ」

と言って笑うだけです。

「今度の木曜日には帰るからのお。ケガをするなよ」

「父さまも運転に気をつけてね」

「ちゃんとご飯を食べてね」

「バイバイ」

父さまたちには夜にもお仕事があるのです。

花の木に帰り着くと、マコはいつも、

「花の木は、駅を頭にして人の字形に開けた谷間の里じゃからね。人がみんなやさしいそよ」

という母さまの言葉を思い出します。

今朝、影《かげ》を追いやるように歩いた道を、今度は自分たちの影に導《みちび》かれるように家へ向かいます。

「プップー、人は右ですよ。プップー」

父さまのまねをしてタクシー運転手になったケンが、マコとノコを追い越《こ》しました。

「おかえり。お父さまはお喜びじゃったろうね」

道ぞいの田んぼから、朝会ったおばさんが声をかけてくれます。今朝、黄色一色だった麦田には、今、何本もの畝《うね》がむき出しになっています。

「はい。さようなら」

もうノコは立ち止まりません。

「うちらは、おばさんたちの子どもじゃないそに、知らない人でもみんなうちらあに『おかえり』ちゅうてそじゃね」

ノコが不思議そうにたずねます。

駅から家に帰り着くまでに、いったい何人の人たちに「おかえり」と言ってもらうのでしょう。

「うちらあはね。花の木で生まれた、花の木の子じゃからね。みんな待っちょってくれてじゃったそよ」

周りの山に向かって「ただいま」とつぶやくと、マコは、ノコの手を引っぱってかけ出しました。背中《せなか》にくくった重箱の中で四人分のおハシがカタカタ鳴っています。

「プップー、トラックが追い越しますよ。プップー」

「ブーブー、バスも速いですよー」

口々に言いながら、マコとノコが、前をかけるケンタクシーを追いかけます。

今度の木曜日は、父さまのお休みです。父さまがいっしょなら、家の麦刈りも終わるでしょう。

マコとノコが育てたチューリップも咲《さ》きそうです。父さまに見せてあげます。

祭りの日

「ええね、〈貫一お宮〉の芝居《しばい》が終わったら、全員、一の鳥居のところに集合よ」

六年生のフウちゃんが、もう一度念をおします。

「うん。約束」

「わかった。こっそりじゃね」

「約束！」

みんなが口々に答えます。

今日は八幡《はちまん》さまのお祭りです。学校は三時限《じげん》で終わります。子どもたちは、みんな大急ぎで八幡さまに行って、朝からお祭りに来ている家族に合流します。

花《はな》の尾《お》村の二年生から六年生までの女子は、今日、村の人たちをびっくりさせるひみつの計画を立てているのです。

年に一度の八幡さまのお祭りは、二日がかりです。一年中、田や山の仕事、ニワトリやブタや牛の世話という生き物相手の百姓《ひゃくしょう》仕事で、休むひまもない大人たちにとっては、お正月とお祭りの二日間だけが「半休み」です。

最初の日は、お宮さんが花の木じゅうの家をお清めしてまわります。この日、家々には、遠くの町や村で暮《く》らす子どもたちが里帰りしてきます。ほとんどの家では、今年とれた米や野菜でごちそうを作り、親戚《しんせき》の人も呼《よ》ばれてお客ごとをします。お客たちはそのまま泊《と》まって、次の日に

は八幡さまの境内《けいだい》にかかる旅役者のお芝居を見に行きます。参道には何軒《けん》も露店《ろてん》が並《なら》び、芝居小屋の前の広場は、それぞれの家の名札を立てた桟敷《さじき》に仕切られています。

どこの家でも、何日も前から準備《じゅんび》したごちそうの入った重箱と、お菓子《かし》やお酒、果物をかかえて行って、お客さまといっしょにごちそうとお芝居を楽しみます。芝居の合間には、男も、女も、大人も、子どもも、露店をめぐったり、お酒やごちそうを持ってよその桟敷におじゃまし合います。それはまるで、花の木の里がいつもの三倍にも四倍にもふくれあがって、大宴会《えんかい》を開いているようです。

花の木の子どもたちは、駅の近くの雑貨《ざっか》屋や農協、行商のおばさんたちからしか買い物をする機会がありません。でもこの日は、いくらかのおこづかいを手に、境内の露店でお面やおはじき、メンコやお人形を買ったり、ふだんは目にすることのない駄《だ》菓子や綿《わた》菓子を買うことができます。腕自慢《うでじまん》の猟師《りょうし》さんが、ポンポン銃《じゅう》の的《まと》当てで、子どもたちといっしょになって大きなキューピーを当てて大喜びをすることもあります。この日は、花の木の誰《だれ》にとっても特別な日なのです。

花の尾村から通う女子小学生は、六年生が三人、五年生がふたり、三年生がふたり、二年生がふたり、全部で九人です。毎朝みんなは、村の奥《おく》の家から順にさそい合って、いっしょに登校します。

このごろのみんなの話題は、やっぱり、あと何日かにせまった八幡さまのお祭りのことでした。

金曜日の朝のことです。五年生のタカちゃんが、

「ねえ、お祭りの日に、なにか、母ちゃんたちに贈《おく》り物をしてあげたいね」

と言い出しました。

「贈り物って？　なにか買《こ》うてあげるそ？」

「くしとか？」

「ダイヤの指輪かブローチでもええね」

みんなが口々に言います。

「母ちゃんだけ？　父ちゃんやら、ばあちゃんにはあげんそ？」

二年生のマリちゃんが聞きました。

(うちはこづかいが五十円しかないから、みんなに買うてあげたら、はり絵とおはじきが買われんようになるなあ)

マコは、ちょっといやだな、と思いました。

「なしてね。なしてそねえ思うちゃったそ」

黙《だま》ってみんなの話を聞いていた六年生のフウちゃんが、タカちゃんにききました。

「うん。おひなさまのときから考えちょったそじゃけどね。いつでも、うちらあは大人にうれしいことをしてもらうばっかりじゃから、なにか大人のみんなを喜ばせることをしたいなあ、と思

うて」

「演芸会《えんげい》で、みんな喜んじゃったよ」

マコが言いました。

「うん。へじゃけど、もちぃとみんなに、うちらあの『ありがとう』ちゅう気持ちが伝わることをしたいそ。おひな祭りのときでも、母ちゃんたちはごちそうを作ってくれて、うちらあのために、いっぱいしたくをしてじゃったろうが」

花の尾村では、おひな祭りが近くなると、三、四歳《さい》から中学三年生までの女の子が全員集まって、歌や踊《おど》りやお芝居の練習を始めます。中学の最上級生が「先生」です。

そしておひな祭りの日には、赤ちゃんから、ひとりではトイレに行けないおばあちゃんまで、村じゅうの女の人全員がどこかの家に集まって、いっしょにごちそうをいただきながら、演芸会をやる習わしでした。もちろん、男の子たちも大人の男の人ものぞきに来ます。でもこの日、座敷《ざしき》の一等席に座《すわ》るのは女たちです。

タカちゃんが言うとおり、劇《げき》や踊りの出し物は子どもたちが準備するけれど、ごちそうを作ったり、おひなさまをかざったりして準備するのは、やっぱり婦人会《ふじん》のお母さんたちです。

子どもたちには、おひな祭りや子どもの日、運動会や学芸会、遠足と年に何回も楽しみがあります。学校だって、日曜日も、夏休みも、冬休みもあります。でも大人たちは、年がら年じゅう働きづめで、一日も休める日がありません。正月だって、みんなのごちそうを準備するのは母ちゃんたちの仕事です。祭りの日も、祭りから帰ってきたら母ちゃんたちには夕飯のしたくや家事が待っています。父ちゃんたちも、牛やブタの世話をしなければなりません。だから夕カちゃんは、男も、女も、大人も、子どもも、村じゅうみんながお休みしていっしょに楽しい思いをする日に、みんなを喜ばせることをなにかひとつ、女の子たちみんなでしてあげられないだろうか、と考えているのでした。

「大人が喜ぶこと？　勉強をしっかりする！」

「百点とる！」

「兄弟ゲンカをせん！」

「誰にもやさしゅうにする！」

「手伝いをいっぱいする！」

「みんなの肩《かた》をたたいちゃげる」

低学年のマコたちは、口々に思いつくことを言います。

「ほんと！　母ちゃんたちは祭りのときでもごちそうを作ったり、お客さまのお世話をしたりして、日ごろよりいそがしいかもしれんね」

六年生のハルちゃんが、考え込《こ》むようにゆっくりと言いました。十一人姉弟の下から二番目のハルちゃんの家では、ふだんは七人家族なのに、正月とお祭りとお盆《ぼん》には、お嫁《よめ》に行ったお姉ちゃんたちみんなが、子どもたち（ハルちゃんより年上の姪《めい》もいます）を連れて里帰りしてくるので、三十人近い大家族になって、とても大変なのです。

「お祭りから帰っちゃったら、大人は、誰もなんにもせんでもええように、晩方《ばんかた》の仕事は全部子どもがやってあげる？」

三年生のアサちゃんです。アサちゃんは、日ごろから有名な親孝行娘《おやこうこうむすめ》です。お母さんは、一週間の半分くらいは泊り込みで、となり町で旅館の仲居《なかい》さんをしています。まだ三年生なのに、お母さんがいない日は、家事をほとんどひとりでやっているのです。毎朝、学校に行く前には、朝ご飯作りだけではなく、お父ちゃん、お兄ちゃん、妹、みんなの服の洗濯《せんたく》までやってしまいます。

「へでも、うちはご飯と風呂《ふろ》は焚《た》くけど、オカズはよう作らんよ」

二年生のマリちゃんです。

「うちも、オカズはグシャグシャ玉子とみそ汁《しる》しかよう作らん」

マコは、

（ふだんもっとお手伝いをして、お料理をちゃんと覚えておけばよかった）

と反省しました。

「うーん。うちらあでもできて、みんなが喜んでのことて、なんじゃろうかいね」

タカちゃんです。

「うちらあの家だけじゃのうて、女子がおらん家の大人たちにも、喜んでもらいたいよね」

フウちゃんです。

「ほんと。うちの大人だけじゃあのうて、花の尾じゅうのじいちゃんやばあちゃんたちも、どこの子のためにもようしてくれてそじゃからね」

家にお年よりのいないハルちゃんが言います。

「なにか買うてあげるちゅうても、お金はないしね」

「作ってあげるそも、なにを作ったらええかわからん」

「前に婦人会が、道端《みちばた》に花壇《かだん》を作って花を植えちゃったみたいに、なにかみんなが喜んでのような仕事をするそがええかもしれんね」

今は、花の尾村のみんなを喜ばせたいと誰もが思っています。でも、なにをするのか決まらないまま学校に着いてしまいました。

「へたら、また話そう」

「うん。フウちゃんたちが帰って来ちゃったら、みんなでハルちゃんかたへ集まろうかあ」

タカちゃんです。

「うん。考えちょく」

「うちも考えちょく」

口々に言い合うと、それぞれのゲタ箱へ向かいました。

女子がいる家もいない家も、村じゅうの大人たちを喜ばせるために、私たちにできることはなんだろうか。土曜日にも、日曜日にも、女の子たちは何回も会って話し合いをつづけました。

「村じゅうの大人みんななんて、無理だよ」

と、誰もがあきらめかけたこともあります。

でも、お祭りまであと一日を残すだけになった火曜日の朝、とうとうそれは決まりました。

それは、祭りの日、二年生から六年生までの女子全員が、村の人たちよりも早目に帰ってきて、村じゅうの全部の家のお風呂を沸《わ》かして、夕方の薪《まき》運びをやっておいてあげようというものでした。お客ごとをする祭りの一日目には、どこでも風呂を焚きません。お芝居を見に出かけた二日目は、風呂を沸かしてゆっくりつかって、明日からの野良仕事に備えます。どこの家も、祭りから帰ってきて最初にやる仕事は風呂焚きなのです。

花の尾村の子どもは、二年生になれば誰でも風呂焚きが毎日のお仕事になるので、二年生のマコとマリを含《ふく》めて、全員が上手に風呂を焚くことができます。花の尾では、どこかの家がいそがしいときは近所の子どもに手伝いをたのみます。ですから、誰もが自分の家以外の風呂も焚いたことがあります。

花の尾の家は十九軒。お風呂は十八。女子は九人。ひとりが二軒分ずつ焚けばいいのです。六年のテルちゃんと三年のエッちゃん姉妹は、ふたりで四軒を受け持ちます。六年生のフウちゃんとハルちゃんが班長《はんちょう》になって、近所の下級生を助けることにしました。

「貫一お宮」が終わると、仲良しのフウちゃんがさそいに来てくれました。

「マコちゃん、あっちにも行ってみよう」

「うん。フウちゃんといっしょに行くね」

マコは、母さまたちにそう言うと、露店で買ったはり絵とおはじきを持って、フウちゃんの後を追いかけます。

「マコちゃん、どこへ行ってのそ」

「うん、向こうを見に行く」

「なにかおもしろい物が来ちょるそ」

「うんにゃ」

途中《とちゅう》で同級生に呼び止められましたが、マコは上手にことわりました。

一の鳥居には、まだ誰も来ていません。

「みんな遅《おそ》いね」

「お祭りがおもしろいから、まだ帰りとうないそかね」

そんなことを話していると、タカちゃんとアサちゃん、マリちゃんとハルちゃんが、それぞれ手をつないで、かけてきました。

「テルちゃんたちとユリちゃんは？」

フウちゃんがきくと、テルちゃんの家と桟敷が近いマリちゃんが、

「テルちゃんたちの桟敷に知らんお客さんが来ちょっちゃったから、出られんそかもしれん」と言います。

「ユリちゃんはまた、忘《わす》れちょってかもしれんよ」

毎朝ねぼうをして大あわてで出てくるユリちゃんは、忘れものの王さまなのです。

「うちが行って呼んでくる」

タカちゃんが、かけ出しました。

「テルちゃんたちも、迎《むか》えにいってあげようか」

フウちゃんがそう言って振《ふ》り向いたとき、露店の人ごみの中から、こっちへ手を振っているテルちゃんとエッちゃんの姿《すがた》が見えました。

「ごめん。お客さんが赤ちゃんを連れてきちゃって、お守りをさせられちょった」

ハアハア言いながら、テルちゃんがかけてきました。

「ユリちゃんがまだじゃから、タカちゃんが迎えにいっちゃった」

「ユリちゃんは桟敷にはおってじゃあなかったよ」

「おおかた、また約束を忘れて、どこか露店の方へ行っちょってかもしれん」

「みんなで探しにいってみる？」

「うん。へでもタカちゃんが迎えにいっちょってじゃから、もうちぃと待っちょこう」

ユリちゃんも、タカちゃんも、なかなか来ません。

「みんなで手分けして探す？」

「マコちゃんたちは走るそが遅《おそ》いから、先に出発した方がええかもしれんね」

「うん。うちとテルちゃんがユリちゃんたちを待って、あとから追っかけるから」

ハルちゃんがそう言っているとき、ようやくタカちゃんとユリちゃんが走ってきました。

「ユリちゃん、忘れちゃったそ」

アサちゃんがおこった声で聞きます。

「忘れちょったけど思い出した。ごめんね。遅うなった？　お昼までは覚えちょったそに、お弁当《べんとう》を食べたらコロッと忘れてしもうた。芝居が終わってからまた思い出したけど、まだなんにも買《こ》うちょらんから大急ぎで買《か》いにいったそよ」

「うちが見つけて、『みんな待っちょってよ』ちゅうても、まだ買い物をしちょってのそよ」

と、タカちゃんがプリプリしながら言います。

「急ごう。みんなそろうたから、えかった。走って帰ろう」

フウちゃんが声をかけて、花の尾村の女子九人組は、大急ぎで鳥居を後にしました。

一の鳥居から段々《だんだん》を降《お》りてバス通りに出ると、お祭りの音はもう遠い山の上からしか聞こえません。車道《くるまみち》をみんなでドンドンドンドン走りながら、九人は花の尾に着くまで、人ひとり、車一台にも会いませんでした。まわりの田や畑にも、誰もいません。

（本当に、花の木じゅうの人たちが、あの八幡さまの森の中にいるのだ。広い広い花の木の谷間

を歩きまわっているのは、私たち九人だけなんだ）

そう思うとマコは、なんだか自分がとっても大きな人になったような、不思議な気持ちになりました。

「誰もおっちゃあないね」

手をつないで走っているフウちゃんに言うと、

「うん、みんなお祭りに行っちょってそじゃねえ」

と、フウちゃんもなにかとっても感心したみたいに言いました。

花の木の十二の村の人びとが一か所に集まるのは、祭りのときだけではありません。運動会のときも、学芸会のときも、たいていの人が学校に行くので、たぶん花の木の里は今日のように空っぽなのでしょう。でも運動会でも、学芸会でも、お祭りでも、マコはいつもみんなが集まったそのどまん中にいたのです。空っぽの里も、野山も、今まで一度も見たことがありません。山も、田も、空も、川も、家々の様子も、なにひとついつもと変わらない花の木なのに、人がひとりも見えない、人の声がどこからも聞こえてこない花の木は、どこか初めて見る知らない里のようでした。

花の尾村の入口に来たとき、みんなはようやく走るのをやめて輪になりました。

「ええ？　マコちゃんもマリちゃんもできる？」

フウちゃんが聞きました。

「うん。だいじょうぶ」

マリとマコが答えます。

「はじめに自分かたの風呂を焚いてから、よその風呂を焚きに行くそよ。火を点《つ》ける前に、水がちゃんと入っちょるかどうかよう見て、水をくんでから火を点けて、絶対《ぜったい》火事にならんように気をつけるそよ」

フウちゃんが、もう一度みんなを見渡《みわた》して念を押《お》します。

「うん」

「わかった」

「あわてんでもええよ。困《こま》ったら手伝うちゃげるから、すぐ呼びにおいでね」

ハルちゃんが、マコの肩をたたきながら言ってくれました。

「うちを呼び」

タカちゃんも言ってくれます。だいじょうぶです。マコは一年生から風呂焚きをしています。おとなりの大沢《おおさわ》の風呂も、おばあさまがいそがしいとき、何回も焚いてあげたことがあるのでなれています。

九人はまたかけ出すと、花の尾への橋を渡りました。学校から帰ってきて橋を渡れば、いつも

左右の田んぼや近くの山裾《すそ》の畑、家々の庭に、誰か村の人の姿が見えます。するとマコは「ああ、ただいま」という気持ちになって、なんだかとってもホッとします。でも今日は、花の尾じゅうがシーンとして、空っぽみたいです。

もう八十歳くらいで、ひとりでは一歩も歩けない寝《ね》たっきりの佐野《さの》のばあちゃんも、今日はいません。お祭りと学芸会と運動会の日は、青年団《せいねんだん》のトシオ兄ちゃんが、何枚《まい》も布団《ふとん》を重ねたリヤカーにばあちゃんを乗せて連れていってあげるからです。家の者がみんな山へ行って誰もいないときでも、佐野へ行けばいつでも話し相手になってくれる、花の尾の守り主みたいなばあちゃんさえいないのです。

花の尾は、本当に空っぽです。

(今、橋を渡る私たちだけしかいないんだ)

そう思うと、マコはなんだかとってもさびしいような、怖《こわ》いような気がしてきました。マコの家は村の奥です。大沢はそのまた奥の一軒家です。

(はじめから、ハルちゃんかタカちゃんに来てもらうかな)

でもハルちゃんもタカちゃんも、それぞれの受け持ちがあります。さびしいのはみんなだって同じです。

(風呂焚きぐらいひとりでできるよ、ちゃんと)

マコは、自分に言い聞かせました。

マコは大急ぎで家の風呂を焚きつけると、火口のまわりを片《かた》づけて、おとなりの大沢へ走っていきました。

大沢は、おじいさまとおばあさまのふたり暮らしです。子どもたちはみんな遠くの町に住んでいて、昨日も大沢にはお客さまがありませんでした。子どもの手伝いがほしいとき、おばあさまはいつもマコや六年生のヤッ君にたのみます。マコはこれまでに何回も、大沢のお風呂焚きを手伝ったことがありました。

お風呂の水を入れて、薪をそろえて、ようやく種火を焚きつけたとき、母家《おもや》の台所でなにか物音がしました。

(あれ？　町にいるおばさまが帰っておいでたそかな。よかった。おじいさまたちも今夜はさびしくないいな)

マコは、ちょっとうれしくなりました。昨日の夜も、お祭りなのにおじいさまとおばあさまはふたりっきりでした。ですから、ふたりはマコの家で、お客さまたちといっしょにおしゃべりをしながら夕飯を食べたのでした。

内玄関《げんかん》の戸が少しだけ開いています。

「おばさまー。おいでたそー」

大きな声で呼びながらのぞいたマコの目に入ってきたのは、暗い土間で白い布袋《ぶくろ》を持って、大きな米びつにかがみこんだ女の人の姿でした。

それは、町にいる大沢のおばさまではありません。

（アッ！）

そこにいたのは、裏山《うらやま》に小屋を建てて住んでいる樵《きこり》のおばさんでした。マコは見てはいけないものを見てしまったような、してはいけない大間違《まちが》いをしたときのような、どうしたらいいかわからない、はずかしいような情《なさ》けないような気持ちで、立ちすくんでしまいました。

マコは、火を焚きかけたままのお風呂のことも、運ぶはずの薪のことも忘れて、大急ぎで自分の家へかけ出しました。胸《むね》がドキドキして、顔がつっぱって、足だけが勝手に前へ前へとつき出ていくみたいでした。

（なして樵のおばさんがおっちゃったそじゃろうか？　大沢の台所に入って、なにをしちょっちゃったそじゃろうか？）

そんなことはみんなわかっているような気もします。でも、空っぽの頭の中では、いろいろな言葉が次々にあふれ出して、ころげ落ちた糸巻《いとまき》から糸がドンドンほどけていって、グシャグシャにもつれるみたいに、こんがらがって止まらなくなりました。

（なしてね？　なしてね？）

家には、まだ誰も帰って来ていません。誰もいない家は、シーンと静まり返っています。風呂の焚き口に座って、燃《も》える火を見つめていると、涙《なみだ》がポロポロとこぼれてきました。頭は綿みたいにフワフワになって、水を吸《す》った綿をしぼっているみたいに、涙だけが次から次にあふれて

くるのです。

気づかないうちに、マコは弱くなった火に薪を足していました。

「アッ、そうだ。大沢のお風呂！」

大沢のお風呂に種火を点けただけだったことを思い出して、急に心配になってきました。木をくべないと、火は消えてしまうでしょう。おばあさまたちが帰ってくるまでに、お風呂を沸かすことはできなくなってしまいます。

(木をくべんといけん)

でもマコは、今の大沢は行ってはいけないところのような気がして、もう一回行くのが怖いのです。みんなで手分けして、花の尾じゅうのお風呂を沸かしておこうと約束したのに……。きっと今、火が燃えていないのは、村じゅうでマコが受け持った大沢のお風呂だけです。

(どうしよう……)

「なにか困ったことがあったら、手伝うから呼んでね」

と、ハルちゃんもタカちゃんも言ってくれたけれど……。マコは、坂の途中まで行って、タカちゃんの家を見ました。タカちゃんは、お風呂と母家のあいだを行ったり来たりしています。きっと、ご飯炊《た》きやほかの用事もひとりでやっているのでしょう。下の家では、ハルちゃんが薪を運んでいるのも見えます。

マコは、タカちゃんたちのところへ行って、なにも言わずに思いっきり泣きたい気持ちになりました。でもそんなことをしたら、ふたりはどんなにびっくりして、心配することでしょう。わけをたずねられたら、なにをどう言えばいいのでしょう。マコの頭の中は、なにかわけのわからないモヤッとしたもので、いっぱいになっていました。

気がつくとマコは、庭の端《はし》にある、わらたたき石に、ぼんやりと座っていました。わらたたき石は、マコが小さいときから、ひとりでお留守《るす》番をしてさびしくなると、いつも座りに来る大きな石です。わらたたき石からは、花の尾村のほとんどの家と、田と、遠くの車道《くるまみち》が見えます。そこにいれば、いつでも、どこかに誰かがいて、歩いていたり、仕事をしている姿が見えます。それに、車道を帰ってくる母さまたちを見つけることもできます。大声で呼べば花の尾じゅうの人が答えてくれるような気がして、不思議に安心するのでした。

となり村の車道を、何人かずつ固まって、帰ってくる姿が見えるようになりました。お芝居も終わったのでしょう、もうすぐ母さまも帰ってくるかもしれません。

大沢のお風呂の火は、とっくに消えてしまったに違いありません。でもマコには、タカちゃんたちを呼ぶ勇気が、なかなかわいてきません。

(みんなと約束したそに。大沢だけ沸いちょらん)

みんなのこと、大沢のおじいさまとおばあさまの気持ちを思うと、マコは、体じゅうの力がなくなったみたいな、自分がとけて消えてしまったみたいな、不思議な気持ちの中にいました。

そのときです。マコは、ブラウスの肩に人の手を感じました。

「おじょうちゃん」

樵のおばさんの声でした。

マコは、のどがつまったみたいで、返事の声が出てきません。体もコチコチに固まって、ふり返ることさえできません。

おばさんは、一年くらい前から、山仕事をするダンナさんとふたりで、大沢の裏山に建てた小屋に住んでいました。おばさんは、体が弱いのか、山仕事が向かないのか、山には行かないで、たいてい小屋にいます。

いつも着流しに和服を着ているおばさんは、歌手や映画《えいが》スターの写真がいっぱいのっている何冊《さつ》かの雑誌《ざっし》と、ラジオと、手まわし蓄音機《ちくおんき》と、何枚かのレコードを持っています。マコたちが遊びに行くと、いかにもうれしそうに、小さな缶《かん》からドロップを出してひと粒《つぶ》ずつくれます。本を開いて映画の話をしてくれたり、レコードをかけて日本舞踊《ぶよう》を教えてくれたりしました。

「こんどおいでるときは、扇子《せんす》を持っておいで。扇子の上手なさばき方を教えてあげるよ」

と言われたこともありました。

「昔は私も三味線を持っておって、ひけたけどね」

となつかしそうに話してくれたこともあります。

大人たちの話では、おばさんは「元は温泉《おんせん》芸者じゃったげな」ということでした。本当にいろいろな歌や踊りをいっぱい知っています。

マコの家では、百姓仕事がいそがしいとき、おばさんに、弟のお守りをしてもらったこともありました。おばさんには子どもがいないということでしたが、とってもやさしくて、子どもたちが本当に好きなようでした。

日ごろ、踊りや、映画や、お芝居や、役者さんの話が大好きなおばさんが、今日、どうしてお祭りのお芝居を見にいかなかったのでしょう。おじさんはひとりで行ったのでしょうか。

(おばさんたちは、お祭りのことを知らなかったのかなあ。誰もさそってあげなかったのかなあ)

とマコは思いました。

(私が、昨日さそいに行ってあげたらえかった。『うちの桟敷においで』ちゅうて、呼んであげたらえかった)

おばさんは、マコの肩に置いた手を、そっとなぜるように動かすと、

「おじょうちゃん」

ともう一度言いました。

マコは黙ったまま、わらたたき石の半分だけ左に寄《よ》りました。おばさんは、なにも言わずに、マコの右側に座りました。おばさんの手のぬくもりと、一日じゅう日に当たっていたわらたたき石のぬくもりが、固くなったマコの体と心をゆっくりと、じわーっと溶《と》かしていくみたいでした。

下の道を、タカちゃんがおとなりのお風呂の方へかけて行くのが見えます。遠くの車道を帰ってくる人の姿が増《ふ》えたようです。母さまやばあさまは、どのあたりを歩いているのでしょう。

なにか話してほしいのに、おばさんはなにも言ってくれません。いつもはおしゃべりなマコが、なにも言わないので、おばさんも困っているのかもしれません。おとなりのお風呂から出てきたタカちゃんが、下の道からマコたちに手を振りました。

「大沢のお風呂へは木をくべておいたよ」

おばさんは、マコの背中《せなか》をさすりながら、小さな声でゆっくりと言いました。そして、もっとゆっくりと、

「おじょうちゃんが焚いておいてあげようと思うちゃったそじゃね。おじょうちゃんは、いつでもやさしいね」

と言いながら、ぬくい手で、マコの背中をさすりつづけます。

「姉さまー」

ハルちゃんの家の前を、ノコが大きく手を振りながらかけて来ます。あちこちから、笑い声や話し声も聞こえてきます。家々の庭や道を行き交う人の姿が見えます。お祭りは終わったのです。花の尾はまた、いつもの花の尾に戻《もど》りました。西の空には、夕日に染《そ》まったまっ赤な雲が浮《う》かんでいます。明日もきっと〈はれ〉です。

「さあ。みんな帰って来てじゃったよ」

おばさんが立ち上がりました。

「うん。もう一回木をくべてくるね」

そう言うと、マコは急いで大沢の方へかけ出しました。

おばあさまがおうちに帰り着くまでには、きっと大沢のお風呂も沸くはずです。

お祭りが終わったら、花の尾じゅうのお風呂が一軒残らずみんな、ぬくぬくに沸いているでしょう。まるで花の尾に天使が来たみたいです。

マコは坂をかけ登りながら、「ふふふ」と笑っていました。

やさしさのひみつ

「田島《たじま》のじいさまを見にいくよ」

「バイバイ、またあしたー」

そう言うと、マコとマリはみんなと別れて脇道《わきみち》をかけ降《お》ります。

学校の帰りに寄《よ》り道をするのはいけないのだけれど、田島はマコの親戚《しんせき》だからいいのです。夏の終わりごろ、中風で倒れて寝《ね》たっきりになってしまった田島のじいさまは、ランドセルをカタカタ鳴らしてマコたちがやって来るのを、いつも待ってくれているのです。


「じいさまー」

「おかげんはどうですかー」

ふたりは大声で言いながら、じいさまの部屋の前の縁側《えんがわ》にかけ寄ります。

「ああ、今お帰りか。よう来たのー」

縁側の障子《しょうじ》を開け放った部屋の布団《ふとん》の中で、じいさまはちょっと頭を上げて、ニコニコとふたりに手を振《ふ》ってくれます。

「あのね、じいさま、今日は男子が大ゲンカじゃった。カズ坊《ぼう》とアキラ君と……。六人も廊下《ろうか》に立たされちゃったそよ」

「うちがね、また漢字を間違《まちが》えたから、居残りじゃった。十回も書いて、はあ覚えたけど、マリちゃんは待ちくたびれてじゃった」

ふたりは縁側に座《すわ》って、今日先生がしてくださったお話や、お友だちがケンカして泣いたこと、ふたりが先生に当てられて困《こま》ったこと、テストでいい点をもらってほめられたこと……。

その日にあったおもしろいことやうれしいことは、なんでもじいさまに話してあげます。

「そうじゃったそかよ」「そりゃあよかった」「そりゃおもしろかろう」と、じいさまはうれしそうにふたりの話を聞いてくれます。

習ったばかりの歌を聴かせたり、国語の本や図書室で借りた本を大きな声で読んであげるときもあります。マコたちがむずかしい漢字に出会ってちょっとつまると、「こっちい、見せてみい」と言ってじいさまが助けてくれます。

マコたちは縁側から上り込《こ》んで、じいさまのお布団のまわりに座って、じいさまのお話を聞きます。ふたりがたずねると、じいさまはなんでも答えてくれます。山の木の植え方も育て方も、中国には山々の尾根《おね》をたどる〈万里《ばんり》の長城《ちょうじょう》〉という長い長い石の道があることも、子どものころ、山や川で木の実や小鳥や魚を採ったときの罠の上手な仕掛け方も、じいさまは、みんな教えてくれます。

しばらくするとじいさまが、

「さあ、早うに帰らんと、お家でお母ちゃんたちが心配してでよ」

とふたりを促します。

「うん。明日も来るよ」

ふたりは、大急ぎで「さようなら」を言ってかけ出します。


稲《いね》が熟《う》れて、あちこちの田んぼで稲刈《か》りが始まったある日のこと。マコとマリはじいさまの縁側で、とても不思議な形をしたガラス瓶《びん》を見つけました。黄色い水の入ったその瓶は、じいさまの部屋の縁側にありました。

「なんじゃろうかいね」

「きれいな瓶じゃね」

こんな不思議な形をした美しい瓶をマコは見たことがありませんでした。ラムネの瓶も不思議できれいだけれど、この透《す》きとおった不思議な瓶は、魔法《まほう》使いの油差しかなにかの道具のようです。それに、中に入った黄色い、お薬みたいなお水との按配《あんばい》がとてもステキです。敷居《しきい》を枕《まくら》のようにして立てかけてあるのも不思議ですし、お日さまに当たって瓶もお水もキラキラ、キラキラ輝いているのも、ウットリするほどです。マコはなんとかあの瓶に触《さわ》ってみたくて仕方がありません。

「じいさま。この瓶はなに？　ちょっと持ってみてもええ？」

と聞くと、

「いいや、子どもは触らん方がえかろうでよ」

と断《ことわ》られてしまいました。

あぶないお薬なのかもしれません。とっても高い、大切な瓶なのかもしれません。

じいさまと話していると、

「よう来ちゃったね。じいさまにおもしろい話をしてもろうてかね」

おばさまが田んぼから帰ってきました。マコたちに声をかけると、おばさまは縁側のステキな瓶をひょいと手に取って、納屋の横の外便所の中へ黄色いお水をドボドボドボと流してしまいました。アッ！と思う間のことです。そして、バシャバシャバシャーと庭先の水場で瓶を洗《あら》うと、パッパッと振って水を切って、じいさまの手の届《とど》くところに置きます。

マコは、じいさまのお話を半分の耳で聞きながら、目と気持ちはすっかり瓶の行方を追いかけていました。

じいさまの話がちょっと途切《とぎ》れたときです。

「おばさま！」

マコは勇気を出して呼《よ》びました。今たずねないと、おばさまはまた田んぼへ行ってしまいます。

この瓶の謎は永遠にわからなくなってしまうでしょう。

「ねえ。この瓶はなに？　さっきのきれいなお水はなんじゃったそ？　なしてお便所に入れてじゃったそ」

大急ぎで次々に質問します。

「ありゃあ。マコちゃんはこれがなにか知ってじゃあなかったそ」

おばさまは笑いながら
「これはねえ、尿瓶《しびん》ちゅうてね、病人のお便所」

とおかしそうに言います。そして、ポカンと不思議そうに顔を見合わせるふたりに、ゆっくりと教えてくれます。

「じいさまはね、便所まで行くのがなんぎじゃからね、ここで、この瓶の中へおしっこを入れておいてもうろうて、あとから私らあが捨てて、また洗うて置いてあげたら、じいさまはいつでも、自分の好きなときにおしっこができるからね。黄色い水はね、お水でもお薬でものうて、じいさまのおしっこじゃったそよ」

マコはびっくりしました。こんなステキな形のきれいな瓶が「病人のお便所」だというのですから。寝たまんまでも、歩いて便所まで行けなくっても、ひとりでおしっこができるなんて、どんなに病人思いなのでしょう。まるで、やさしい魔法の道具みたいです。

じいさまのおしっこは、お日さまに当たって、瓶の中でキラキラと黄色に輝いていました。不思議なやさしい瓶の中では、おしっこだってあんなにステキに輝くのでしょうか。マコは、（いつか私もあの瓶におしっこをしてみよう）とこっそり思いました。〈お便所〉でもいい、あの瓶に触ってみたくてたまりません。

それからというもの、学校の帰りにじいさまの家へ行くと、マコとマリは一番に尿瓶をたしかめます。（いつか尿瓶に触ってみたい）と思っていたのはマリもいっしょでした。尿瓶のお世話はふたりでかわりばんこです。尿瓶におしっこが入っていると、おばさまが帰ってくる前に大急ぎで尿瓶を大事にかかえて、おばさまがしたように、中のおしっこをドボドボドボと便所に捨てに行きます。水場で瓶の中と外をきれいに洗って、縁側の雑巾《ぞうきん》で外の水をていねいに拭き取ると、またじいさまの近くにそーっと置きます。ときには、誰《だれ》も見ていないのをたしかめてから、瓶の中にそーっと手を入れて、ちょっとお日さまにかざしてみたりします。

尿瓶をかかえて一連の動作をするあいだ、ふたりはちょっと大人の女の人か、看護婦《かんごふ》さんになったような、おすましな気持ちになります。おばさまたちは、マコとマリが来てくれると、尿瓶を洗うためにわざわざ遠くの田んぼから帰ってこなくてもいいので、とても

助かるようになりました。

秋が深くなって、学校では学芸会の練習が始まりました。

今年二年生は、合唱と劇《げき》のほかに「お江戸日本橋」と「しょうじょう寺の狸《たぬき》ばやし」を踊《おど》ることになりました。

マコとマリは「お江戸日本橋」の一番をふたりで踊《おど》ります。お振《ふ》り袖《そで》を着て、手鞠《てまり》を持って、レコードに合わせて踊るのです。

練習が進んでだいたい踊れるようになると、ふたりは田島のじいさまの前でも踊って見せるようになりました。じいさまはいつでも「上手じゃのう」とか「きれいじゃのう」とほめてくれますが、ふたりはなんとなくつまらない気持ちです。

「お江戸」では、一番と三番をお振り袖の女子がふたりずつ、二番と四番をやっこや飛脚姿《ひきゃくすがた》の男子がふたりずつ、レコードに合わせて踊る、それだけです。

でも「しょうじょう寺」は違《ちが》います。「お江戸」に出ない十四人の男子がそれぞれに満月と杉や檜《ひのき》の背景《はいけい》を持って並《なら》ぶ前で、十一人の女子がお腹にざるを巻《ま》きつけ、お尻には大きな尻尾《しっぽ》をぶら下げ、頭には狸のお面をかぶって踊ります。舞台《ぶたい》の全員がいっせいに歌いながら、狸たちが飛んだり跳ねたり、輪になったり山になったり、それはそれはにぎやかに、楽しそうに踊るのです。

「おもしろいねえ」

「見ちょったらうれしゅうなるねえ」

「ねえ、じいさまにも見せたいね」

「じいさまもきっと大好きになってと思うよ。練習でもええから見せてあげたいねえ」

寝たっきりで、ひとりではおしっこにも行けないじいさまは、きっと学芸会を見に来ることもできないでしょう。ふたりはもうなにがなんでも、なんとかして「しょうじょう寺」をじいさまに見せたくてたまりません。

でも「しょうじょう寺」を踊る子で、じいさまの家の近くを通って学校に通う子は桧山《ひやま》の里の四人だけです。あとの七人は、学校をはさんだ反対側から通っているので、田島の家には大寄り道をしなければなりません。もし知り会いの大人や先生に見つかったら、きっと大目玉です。

十一人みんなの踊りをじいさまに見せるのは、むずかしそうです。

「あのね。田島のじいさまのところへ行って、『しょうじょう寺の狸ばやし』を見せてあげてくれん？」

次の日、マコとマリは桧山の四人にたのんでみました。

「マコちゃんたちがいつもお見舞《みま》いに寄っちょっての病気のおじいちゃんじゃろう。ええよ」

「うん、うちらの踊りを見せてあげよう」

四人はすぐに賛成《さんせい》してくれました。

「じいさまー。今日は二年生のもうひとつの踊りも見せるよ」

マコとマリは大はりきりで縁側の障子を開けると、いつもおばさまがするようにお布団をグルグルまいて、じいさまの背中《せなか》にあてがって座らせてあげました。ふたりでじいさまを支えながら、庭に並んだ四人のお友だちに声をかけます。

「ええよ。よう見えるよ」

「うん」

「せえのー」

「しょっしょっしょじょじ、しょじょじの庭はー……」

四人はいっせいに歌いながら踊り始めました。大声で歌い、庭じゅうをかけまわり、飛び跳《は》ねて踊ります。

じいさまは、にこにこ笑いながら「上手、上手」と手を振り、「おもしろいのー」とマコとマリを交互《こうご》に見ます。じいさまが「おもしろいのー、楽しいのー」とうれしそうに言うたびに、四人は、二回も三回も踊りました。でもマコとマリにも、踊っている四人にも、それはなんとなくいつもの「しょうじょう寺」らしくない、さびしい狸ばやしのように思えます。

（じいさまには、もっと本当のおもしろさを見せてあげたいのに……）

「おじいちゃんは大喜びをしてくれてじゃったね」

「うん。踊ってあげて良《え》かった」

「また行ってあげたいね」

「へえじゃけど練習のときとなんか違う感じがしたね」

「うん。おもしろさが足らんような」

じいさまに「さよなら」をしての帰り道、六人はそれぞれに気持ちを話し合いました。誰もがじいさまに喜んでもらえて、とってもうれしかったけれど、踊りは本当はもっともっと楽しくて、うれしいのだから、そんないっぱいの楽しさやうれしさを、全部じいさまにあげたいのです。

「なしてかねえ」

「四人しかおらんからじゃろうか」

「クミちゃんたちにも来てもらうとええかもね」

「へえでも、クミちゃんたちは、道が反対側じゃからね。寄り道が先生に見つかったら、みんながしかられてよ」

「へんなら、マコちゃんとマリちゃんも『しょうじょう寺』を覚えちゃったらええよ」

「うん。ふたりもいっしょに踊ったら六人になる」

誰かが言います。

「へんなら一年生のみっちゃんたちにも教える？　一年生が四人で、合わせて十人になるよ」

別の誰かが言います。

そうです、踊る人を増《ふ》やせば輪も作れるし、山も作れるし、にぎやかになります。

でも一年生にまで踊りを教えて、寄り道をさせるのは、ちょっとかわいそうです。そんなことはできません。

次の日からは、猛《もう》練習です。マコとマリは休み時間になると、自分の踊りの練習はしないで、桧山の四人といっしょに「しょうじょう寺」の練習をします。放課後、マコたち「お江戸」班が居残り練習ではない日にも、残って「しょうじょう寺」の練習を一生けんめいに見ています。

事情《じじょう》を知らないみんなはびっくりしたり、不思議がったりするようになりました。

「ねえ、マコちゃんたちはどねえしちゃったそ。なして毎日『しょうじょう寺』の踊りを練習しちょってのそ?」

仲良しのクミたちに聞かれて、マコはとうとうそのわけを話しました。

「えー、病気で寝たきりのおじいちゃんに見せてあげたいそね。それじゃったら、やっぱり六人より十一人みんなじゃあないとつまらんよ。だってみんな決まった役があるからね。六人じゃあ、踊りの半分しかやれんそじゃから」

クミは「しょうじょう寺」班《はん》の班長です。どうしたら田島のおじいちゃんに本物みたいな「しょうじょう寺」を見せてあげられるか、二年生の女子十五人みんなで考えることにしました。

「ねえ、いつ行く?」

「お面とかそうけ※とか尻尾も持って行った方がええね」

「うん。狸のかっこうがおもしろいそじゃからね」

「へエでも庭で踊るそじゃろう。尻尾が汚《よご》れるかもしれんね」

「座敷《ざしき》に上がらしてもろうたらどねえねェ」

「家の中じゃあ狭《せま》すぎるよ。講堂《こうどう》の舞台はもっと広いよ」

「やっぱりお庭じゃね」

「尻尾を付けんでも、そうけとお面だけでもおかしいよ。うちのおばあちゃんは大笑いしてじゃったもん」

「うん。尻尾は持っていって見せてあげるだけにしよう」

「マコちゃんたちが座敷で付けて見せてあげちゃったらええ」

「しょうじょう寺」のメンバー全員は、もうすぐにも田島へ行ってじいさまの前で踊って見せるつもりです。

あとは、いつ行くのかを決めるだけです。「しょうじょう寺」と「お江戸」は一日交替《こうたい》で居残って練習します。マリとマコがいっしょに行かないと、みんなは困ってしまうでしょう。練習が終わってからでは遅《おそ》くなってしまいます。

※そうけ…… 米や野菜を洗うために使う、竹で編んだざる。物を干したり、こすためにも使う。

休み時間になると、クミを中心にみんなでいつ行くのかを話し合いました。でも、話が進めば進むほど、みんながはりきればはりきるほど、マコとマリには深刻《しんこく》な問題が生まれてきました。

マコもマリも、じいさまに少しでもにぎやかで、楽しい踊りを見せたくて、一生けんめいに練習して、ようやく踊れるようになったのです。自分たちもお腹にそうけを巻いて、長い太い尻尾を付けて、狸のお面でみんなといっしょに踊ってみたくてたまりません。

それなのに、十一人みんながじいさまの家へ行ってくれることになったら、ふたりが「しょうじょう寺」を踊るチャンスはどこにもなくなってしまいます。

「ええ考えが決まった」

ニコニコ顔のクミたちが、ふたりのところへやって来ました。みんなでじいさまの家へ行って、じいさまに「しょうじょう寺」を踊ってみせるのは、お昼ごはんの後のお昼休みにしようと言うのです。その時間なら、みんな運動場や図書室へ行ってしまうので、二年生の教室に女子が残っていなくても、誰も気が付かないはずです。じいさまの家は学校から五百メートルくらいの近所です。みんなでパーッと走っていって、踊って、大急ぎで帰ってくればいいのです。

それはとてもすばらしい考えで、みんなの気持ちはすぐに決まりました。

「明日行こう！」

でも、マコとマリは「うん。ええね。じゃけどもうちょっと考えよう」と言い出しました。あんなに一生けんめいだったのに、いったいどうしたのか、みんなにはちっともわかりません。マコとマリは、自分たちが踊れなくなるのがいやなのです。でもせっかく「踊ってあげよう」とはりきってくれているみんなにも、大勢《おおぜい》の踊りを心待ちにしてくれているじいさまにも、そんなことは言えません。

ふたりきりになると、マコとマリはコッソリと話し合います。

「クミちゃんにたのんで、十三人の踊りにしてもらおうか」

「ひとりひとり役割があるちゅうちゃったから、それはむずかしかろうで」

「お面も十一人分しかないしね」

ようやくいい考えが見つかりました。

「ねえ、留守《るす》番の女子がたったふたりじゃったら、先生やら男子が不思議に思うてかもしれんから、もうふたり残った方がええと思うよ」

そうです。マコとマリは必ず行かないといけないのですから……。ふたりはクミに提案してみました。

学芸会予行演習《えんしゅう》の前日、二年生の女子十五人は、大急ぎでお弁当《べんとう》を食べました。そして「お江戸」の三番を踊るチカとアコ、チカと仲良しでいつもいっしょのカヨとマチをお留守番にして、十一人は十一個のお面と十一個のそうけと一本の尻尾を持って、走って田島へ行きました。

じいさまの家では、おばさまたちもじいさまも、まだお昼を食べたばっかりで、囲炉裏《いろり》の部屋でおしゃべりをしていました。

「じいさま！　みんなで『しょうじょう寺の狸ばやし』を踊るよ」

「学芸会のときと同じじゃからね」

マリが戸口で大声で言いました。マコはみんなを庭につれて行って縁側から上り込むと、

「おばさま、早うにじいさまを連れてきて、ここに座らしてあげて」

とせかします。

マリも上がって来て、おばさまとばあさまとマコと四人がかりで、じいさまを縁側の布団のところまで連れていって、背中にグルグル巻きのお布団を当てて座らせます。縁側の障子をいっぱいいっぱいに開けて、となりにばあさまとおばさまが庭を向いて座りました。大急ぎでマコとマリがお面とそうけをつけてみんなの列に並ぶと、タヌキの親分のクミが庭の真中で「いくよ！」と大きくうなずきました。

「せえのー」

「しょっしょっしょじょじょじーしょじょじの庭はー」

十一人がいっせいに手をたたき、そうけをたたいて歌い始めました。

「つんつん月夜だ　みんな出てこいこいこい……」

お腹にそうけを巻き付けて、頭にお面をかぶった狸が一匹、二匹……　右から左から、出たり

入ったり「ポンポコポンのスッポンポン」とお腹のそうけをたたき、飛んだり跳ねたり輪になったり山になったり……。それはそれはにぎやかに楽しく、何度も何度も踊り歌い……。マコもマリもみんなの中で思いっきり歌って踊りました。

じいさまが布団の上で目をクリクリして笑っています。おばさまはどういうわけか、目にいっぱいの涙《なみだ》をためて笑っています。ばあさまは、手をたたいてリズムを取りながらいっしょに歌っていました。

じいさまが亡くなったのは、年が明けたばかりの寒い日でした。おばさまが二年生全員に葬式《そうしき》まんじゅうを持ってきて、先生と二年生に「しょうじょう寺」のお礼を言いました。

「上手じゃのう」「たのしいのう」と喜んで笑ってくれた田島のじいさまは、二年生みんなのじいさまになったのでした。

モヨばあさま

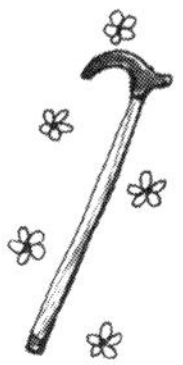

「花の木の名物ばあちゃんに会うたぞ。知っちょるか？」

みんなの顔が、いっせいにマコを見ます。

新任《しんにん》の青木先生は、花の木のことはなんでも知りたがって、いろんなことに興味《きょうみ》しんしんです。

このあいだは、学校から見える西の山の姿《すがた》があんまり堂々として美しかったので、

「あの山のてっぺんに登ったら、花の木じゅうが見えるに違《ちが》いない」

と言い出して、体育の時間を二時間つづきの「遠歩きとスケッチの時間」にしてしまいました。

杉山《すぎやま》という家に赤ちゃんが生まれた話を聞くと、いろんな人にたずねまくって、杉山の赤ちゃんがゴロー君のお父さんのまたいとこだということをつきとめました。

「この学校の中で、花の木の一番若《わか》い住人と一番近い親戚《しんせき》はゴロー君です」

とみんなに発表して、ゴロー君にお祝いを言いました。

今度は、モヨばあさまです。

「田島モヨさん。花の木で生まれて、七十五年も花の木に住んでおいでるそうじゃから、花の木

のことはなんでも知っちょってじゃあ。こんど学校に来てもろおて、昔のことを聞かしてもらおうと思うちょる」

先生はまだ、モヨばあさまがマコの大伯母《おおおば》さまだということは知らないようです。マコはちょっとホッとしました。でも、マコの方をチラチラ見るみんなのクスクス笑いは、だんだん大きくなっていきます。

「先生、田島のばあさまなら、毎日でも学校に来ちょってじゃから、呼《よ》びに行かんでもええよ」

お調子タロウが大声で言いました。

「毎日来ちょって？　なにしにや？」

マコは下を向いて、じっとしていました。

「マコさんと一年生のノコさんを見にきてのそです」

「えっ！　マコさんの親戚か？　そりゃあちょうどええ」

先生はいかにもうれしそうです。

さあたいへん。知りたがり屋の青木先生は、マコとモヨばあさまがどういう関係なのか、どうして毎日のように学校へ来て、なにをしているのか、どうしてみんなはモヨばあさまのことを、自分の親戚のようによく知っているのか、次々に質問《しつもん》してきます。

あんまり答えたがらないマコのかわりに、女子も男子も、口々に自分の知っているかぎりのモヨばあさまのことを先生に言います。

とうとう四年生は、モヨばあさまを教室に呼んで、「昔の花の木のこと」を話してもらうことになってしまいました。

「先生もお願いに行くけど、マコさんからも、おばあさまにようたのんでおいてくれ」

大はりきりの先生は、最後にそう言うと、スキップするみたいなルンルンな足取りで教室を出ていきました。


モヨばあさまは、マコのじいさまの一番上のお姉さんです。ばあさまの家は、学校から五分くらいの近くにあります。マコが学校に入ると、ばあさまはときどき、教室の窓《まど》からそーっと中をのぞいて、マコの様子を見にくるようになりました。一、二年生のときの担任《たんにん》だった女の先生は花の木の人だったので、子どものころからモヨばあさまをよく知っていました。窓の外にばあさまの頭がのぞくと、

「さあ、田島のおばさま、どうぞお入りください」

と声をかけて、わざわざ下足箱から来賓《らいひん》用スリッパを出して、教室のうしろに椅子《いす》まで置いてあげるのでした。

ばあさまは、マコに話しかけるわけでも、授業《じゅぎょう》に口をはさむでもなく、おとなしく椅子に座《すわ》って授業を聞きます。しばらくすると、静かに立ち上がって、先生に深々とおじぎをして
「おじゃまいたしました。ありがとうございます」

と言って帰っていくのでした。

そんなことがしょっちゅうだったので、同級生のみんなとモヨばあさまは、すっかり「知り合い」になってしまいました。

誰《だれ》も、なんにも言わないけれど、誰もが「モヨばあさまは実家の総領孫《そうりょうまんご》のマコを見にきている」ことを知っていました。

マコたちが三年生になるころには、大女だったモヨばあさまの背《せ》が、みんながびっくりするほどアッという間に縮《ちぢ》んで、腰《こし》が直角に曲がってしまいました。もう窓の外から教室の中をのぞけないほどに、小さくなっていました。

それに担任の男の先生は、スリッパを出して「どうぞお入りください」なんて言いません。マコも学校になれてきたので、ばあさまが学校までマコを見にくることもなくなっていました。

でも、今年は妹のノコが一年生です。ノコの担任は、もう十年以上も花の木小中学校にいる女の先生ですから、入学式の当日から、ちゃんと「モヨばあさま用の来賓スリッパ」をそろえて、「どうぞお入りください」とモヨばあさまを迎《むか》えました。

モヨばあさまには、男四人、女三人の子どもがいました。長男は戦争で亡《な》くなってしまいましたが、国鉄に勤《つと》める三男をのぞいて、男の子ふたりが学校の先生になり、女の子三人も代用教員や先生になって、全員が学校の先生と結婚《けっこん》しています。ですから、たいていの先生がたは、モヨばあさまの子どもの誰かと知り合いなのです。

モヨばあさま自身も、結婚する前は花の木小中学校の先生でしたから、中年以上の先生たちは、みんなモヨばあさまを知っています。とくに教頭先生は、次男坊《ぼう》の学友で、モヨばあさまのことを〈わたしの花畑のおふくろ〉と呼んでいました。宿直の日には、モヨばあさまの家で夕飯を食べるほどの仲良しです。

モヨばあさまを学校へ呼んで、〈昔の花の木の様子〉を話してもらうことは、すぐに〈決定〉になりました。

しかしモヨばあさまは、なかなか「うん」と言いませんでした。

「そういうことは、私じゃあのおて、長山（ＰＴＡの会長さん）にやってもろおてがようはありませんかの。長山は、校長まで務《つと》めた先生じゃったそじゃから、なんでもよう知っておいでる。話も上手であります」

というのです。

でも、青木先生の関心は「モヨばあさま」その人なのですから、先生もゆずりません。

「長山先生には、また別の機会にお話をうかがう予定でありますから。今回はおばあさまに。なんのお話でもようあります。子どもたちに、昔の花の木のことを話してやってくださいませ。マコさんたちお孫さんに話してあげてのような、お話を聞かせてほしいのですから」

青木先生は、毎日のように田島へ通って、夕飯までいっしょに食べて、とうとうモヨばあさまを説得してしまいました。

ばあさまは、四年生と五年生に、「花の木にまだ汽車が通っていなかったころの話」をしてくれることになりました。

「となりの福山までは来ちょる汽車が、花の木にはかようちょらん。情《なさ》けないような、さびしいことで……」

先生の椅子に座布団《ざぶとん》を重ねてチョコンと座ったばあさまが、ていねいにおじぎをして、話し始めました。

「お父《と》さんたちが〈大運動〉をしてじゃっての、ようやくに花の木にも汽車が通ることになりましたが、そりゃあまあ、三つもトンネルを掘《ほ》らんにゃいけん。長い鉄橋をかけにゃあいけんちゅうことで、〈大騒動《おおそうどう》〉でありました」

花の木は四方を山に囲まれた小さな里です。ほとんどの家が、少しの田んぼと小さな山の仕事で暮《く》らしています。毎日毎日、毎年毎年が同じようにおだやかにくり返されるようなこの花の木にも、そんな日があったのか——。

ばあさまの話が始まったとき、マコたちは、てっきりその〈大運動〉と〈大騒動〉の話を聞けるものとワクワクしていました。

「今は、尾根村《おね》から湯本《ゆもと》へ抜《ぬ》ける線路がありましょうが。昔は、あれが私どもの通学路でありました。あの道を十二、十三から十六、十七のこまい子が、毎朝、毎晩《ばん》、雨の日でも、雪の日でも、町の中心にある女学校やら中学校まで通うちょりました。

朝の暗いうちに家を出て、奥《おく》の方から村々を順番にさそいおうて、七、八人、男子も女子も、みんないっしょに行きました。道は悪《わる》うて、何時間もかかります。山道では大きな男子が、私らこまい女子の手を引いてくれてでありました。

そりゃあなんぎなこともありますが、道々おもしろいこともいっぱいありましたからの。学校へ行くのがいやじゃと思うたことは、ありませんでしたね」

ばあさまは、そのころいっしょに通ったひとりひとりのおじいちゃんやおばあちゃんの名前をあげて、ケンカをしたり、助け合ったり、暗くなった夜道で狐《きつね》にばかされそうになったりした話をしてくれます。

「私はね、花の尾でありますから、地蔵《じぞう》さまの前で、桧山《ひやま》からおいでの〈森田の坊《ぼっ》ちゃん〉を待っちょります。こんどはふたりして花畑の田島さんをさそうそでありました。田島さんは中学校の三年生か四年生で、私どもより大きい、口数の少ない、おちついた人で、歩くのも速い。

これが尾根村の長山と同級で、大の仲良しであります。わたしゃ、なんとかして田島さんより早うに尾根村に行って、長山さんをさそうていっしょに歩きたい。それで森田の坊ちゃんに、『わたしゃ足が遅《おそ》いから、先に行っちょります』ちゅうて、田島さんを待たずにひとりで走っていっての。尾根に集まってのみんなにゃあ『森田さんと田島さんは遅《おく》れてじゃから、先に出てくれて言うてじゃった』とうそを言いました」

ばあさまは、はずかしそうに笑います。

そのころ、ばあさまは、勉強もできて元気いっぱいの長山君が大好きでした。いっしょに歩いて、いっぱい話したいのに、長山君と仲良しの田島君が来ると、ふたりはいつもいっしょで、長山君はモヨばあさまを相手にしてくれません。だから、田島君がじゃまでしょうがない。ふたりをひきはなすために、あの手この手の知恵《ちえ》をしぼった、というのです。うしろの席の先生がたも、床《ゆか》に座った四、五年生の子どもたちも大笑いです。

卒業式や入学式、新年会と、学校行事のたびに校長先生につづいて来賓あいさつをするPTA会長の長山のおじいさまが、モヨばあさまの〈初恋《はつこい》の人〉だったのです。

PTA会長が子どものころ、暑い日にはまっぱだかになって、川の中を泳いで帰ってこようとしたり、山道に狸《たぬき》の罠《わな》を仕掛《しか》けたりするワンパク坊主だとわかって、みんな大喜びです。

「おばあさまは、長山さんが好きじゃったそに、なして長山さんと結婚せずに田島さんのお嫁《よめ》さんになってじゃったそですか？」

級長のアコちゃんが聞きました。

「そりゃあまあ、仕方がありませんでの。長山と私とは従兄妹《いとこ》同士でありますから、結婚ちゅうわけにはゆきません。あのころは、今のように好きおうて結婚するちゅうことでもない時代でしょうが。田島からは、たってにちゅうてだし、お父《と》さまもお母《か》さまも、『田島なら』ちゅうてでありますしの……」

「でも、おばあちゃんは、田島さんが好きじゃあなかったのでしょう」

五年生が聞きました。

「そねえなことはありませんよ。田島はおだやかなおちついた人で、お勉強もようできての。男前な、立派《りっぱ》な人でありましたからの。私でも、誰でも、田島さんを嫌《きろ》うちょる者はありません。長山といっしょにばっかりおいでてじゃなけりゃあ、そりゃあ一番好きな人でありましたから」

鉄道施設《しせつ》の〈大運動〉も〈大騒動〉も、どこかへ飛んでしまい、誰かが質問するたびに、ばあさまの話はドンドン脱線します。

「ピンポーン」

お昼のチャイムが鳴りました。

「ありゃあ」というような顔で、横の青木先生の方をふり向いたモヨばあさまは、急になにかを思い出したように、

「まあ、なしてこねえな話になりましたやら」

と、あわてて立ち上がります。

「それじゃこれで。ご無礼をいたしました」

深々とおじぎをすると、教壇《きょうだん》を降《お》り始めました。青木先生はあわてて、

「給食もいっしょにあがっていただいて……」

と言いながら、ばあさまを引き止めようとします。子どもたちも口々に
「つづきを聞かせてよ」

とか、

「おばあちゃん、いっしょに給食を食べてよ」

と言いながら、モヨばあさまを囲んで引き止めます。

「いいえ、いいえ。これ以上おじゃまはできません」

ばあさまは、すっかりいつものガンコなスタコラばあちゃんに戻《もど》っていました。

マコは知っています。モヨばあさまは、給食に出る脱脂粉乳《だっしふんにゅう》も、マヨネーズも、カレーも、大の苦手なのです。花の木小中学校で給食が始まる前に、ＰＴＡや婦人《ふじん》会の人たちに意見を聞く会を開いたときのことです。老人会代表で試食したばあさまは、

「こねえなハヽヽヽクライ物*ばっかりを、毎日子どもに食べさせてじゃあいけん。子どもらあは、食べ物の味も、百姓《ひゃくしょう》のありがたみも、わからん者になってしまう」

と言って、給食に大賛成《だいさんせい》のみんなをびっくりさせたのだそうです。パンと脱脂粉乳が苦手で、しょっちゅう先生にしかられてしまうマコにも、ばあさまは、

「あねえなものをよう食べんからちゅうて、しかられてのことはない。乳を飲まんにゃあ、よう大きゅうになられんなら、毎日うちからヤギの乳を持って帰れ。その方がなんぼも大きゅうなろうでよ」

と言ってくれます。

マコは学校や家で困《こま》ったことがあると、なんでもモヨばあさまに相談します。ばあさまは、どんなときもマコの考えを「ダメ」とは言わないで、

「へんなら、こねえしたらえかろう」

とほかの方法をいっしょに考えてくれるからです。

モヨばあさまは、あまり口数の多いばあちゃんではありません。マコとノコがこっそり「ガミガミ先輩《せんぱい》」と呼んでいる、ばあさまの末妹のサトばあさまは、マコたちの成績《せいせき》表を見ると必ず、

「もうちいとしっかりやってじゃあないと、ご先祖《せんぞ》さまに申しわけがないよ」

とか、よくお勉強のできる従兄弟《いとこ》や再従兄弟《またいとこ》のことまで引き合いに出して、グチグチとお説教をします。台所や庭で仕事をしている母さまを呼びつけて、

※ハクライ物……海外からの輸入品。

「あんたが、ようお勉強をさせてじゃあないから」

としかったりもします。でもモヨばあさまは、マコたちがどんなに「2」がいっぱいある成績表を見せても、

「はい、ありがとう。しっかりがんばってじゃったな」

といたわってくれて、ていねいに仏《ほとけ》さまを拝《おが》むだけです。マコたちの大好きな大先輩なのです。

マコの家のばあさまは、

「モヨばあさまは、おべんちゃらも、おあいそも言うてじゃないから、ばあさまの言うてのことは、なんでもそのまんま安心して聞いておられる。あれほどにまっすぐに正直な人は、めったにおってじゃあないよ」

と言って、とっても尊敬《そんけい》しています。


でも、モヨばあさまはとってもガンコで、ときどきみんなをテンテコまいさせます。田島の家でテレビを買ったときは、たいへんでした。

「あねえな物が家の中にあると、子どもは本も読まん。勉強もせん。大人は、夜なべもなんにもできまあ。毎晩毎晩、家の中が映画館《えいがかん》か芝居《しばい》小屋のようになって、話しさえせんようになろうでよ」

と大反対でした。でも、孫たちが、

「テレビの一番よいところは、新聞とラジオの役目を、新聞やラジオよりもわかりやすく、早く、

くわしく果たしてくれることなのだ」

とくり返し説明すると、ようやくばあさまも、

「そういう若い者の役に立つということなら」

と納得《なっとく》して、田島でもテレビを買うことになりました。

ところが、テレビが来たその次の日から、田島の家には新聞が届《とど》かなくなってしまいました。新聞の役割《やくわり》を新聞よりもしっかりと果たす、テレビというとびきり便利で有能《ゆうのう》な機械があるのですから、もう新聞は不要なはずです。

「無駄《むだ》使いにしかならんのじゃから」

とばあさまが新聞屋さんにことわってしまったのです。


モヨばあさまは年に四、五回、マコの家へ泊《と》まりがけで里帰りをします。でもけっして、嫁に行ったり、婿《むこ》にやったりした子どもたちの家へは泊りません。老人会や婦人会で泊りがけで旅行に行くことはあるのに、京都の息子が京都見物をさせようと呼んでも、けっして行こうとしません。

「嫁や婿にやった者には、行った先の親ごさんがおいでる。そこへ親じゃちゅう者が行ったら、お家の和を乱《みだ》すことにしかならん」

というわけです。

なにか新しい計画が生まれるたびに、田島の人たちは、何日もかけてばあさまを説得しなければ

ばなりません。そのたびに田島のおばさまは、

「言うてあげておくれませ」

とマコのばあさまにたのみに来ます。

モヨばあさまが自分の生まれたマコの家へ泊まりにくるのは、お盆《ぼん》や正月に里帰りしてきた娘《むすめ》や息子たちが引きあげた二、三日あとや、旧《きゅう》正月、そして、ばあさまの両親や兄弟の命日、なにかのお客ごとのときです。そのたびに、モヨばあさまのふたりの妹もいっしょに来ます。

モヨばあさまは、直角に曲がった腰で杖《つえ》をいそがしくついて、傾斜《けいしゃ》のゆるやかな上の坂を登ってくると、はじめに、庭にある大きな柿の木を見上げます。そして、ひと息ついてからようやく、

「やれやれ、実家《さと》が一番ええ」

と言って、ようやく玄関《げんかん》にやってきます。

「私が子どものころから、この大きさじゃった」

樹齢《じゅれい》三百年という柿の木に、モヨばあさまは、子どものころも嫁に行ってからも、いろいろな出来事を報告《ほうこく》しつづけているのだそうです。

「こうして守ってくれてのもんじゃから。この木にゃあ見えんところで、私らあがどねえしちょるか、話してあげりゃあ、木も安心してくれてじゃろうがや」

毎年、庭の柿の実が熟《う》れると、マコたちは、はじめにとった柿をモヨばあさまに届けることにしています。柿の実を仏壇にあげて拝むと、ばあさまは、

「ああ、ありがたい。ありがたい。三百年も三百五十年ものご先祖の思いが、みーんなこの実につまっちょるそでよ。あんたたちも仏さまを拝んで、いっしょにおあがりや」

と言って、分けてくれようとします。

「ええよ。田島のみんなの分じゃから。うちらあの分は、まだ木にいっぱいなっちょるから。またもってくるよ」

と言うと、

「ありがたい。ありがたい。実家《さと》の柿が今年も熟れた。ああうれしい。うれしい」

とつぶやきながら、マコたちにおみやげを持たせようと、大事にしまっておいた、とっておきのモナカや羊羹《ようかん》を出してくるのでした。

モヨばあさまは、大きな柿の木に報告をして、妹たちとゆったり思い出話をして、

「実家《さと》が一番。ゴクラク、ゴクラク。ああ、ありがたい。是家《これ》がええのう」

と何度も言います。なのに、朝ごはんが終わると、急にいつものスタコラばあちゃんになって、大急ぎで帰りじたくを始めます。家の者も、ばあさまのふたりの妹も、

「せっかくじゃから、もう一晩ゆっくりしてがええ」

といくらすすめても、

「いいや。草を刈《か》らんにゃあいけん。なんやかやいそがしい」

と言い出します。ばあさまの妹たちが、

「ばあさまが留守《るす》をしてやっての方が、若い者にも骨休《ほね》みになるそに」

と言うと、

「いいや。私がおっちゃらんとの」

と言って、学校へ行くマコたちといっしょに家を出るときもありました。

いくらマコたちが、

「荷物は先におうちに届けておくから、ばあさまはゆっくり帰ってがええ」

と言っても、

「いいや、遅《おそ》うにいんじゃあ、仕事にならん」

と、もう頭の中は仕事の段取《だんど》りでいっぱいです。


マコが六年生の運動会のときです。

「あの一番前の、旗のうしろにおります上組《かみぐみ》の看板《かんばん》を持っておりますこまい子が、私の里の総領孫《まんご》でありますいの」

小学生と中学生がいっしょの入場行進が、来賓《らいひん》席の前を通過《つうか》したときです。突然《とつぜん》、スピーカーからモヨばあさまの声が響《ひび》きました。

「今年六年になりましたが、背はこまい。お勉強もあんまりできんようでありますが、よう家の手伝いをして、親を助けます、やさしい子であります」

「ええ、ええ、マコさんはよう知っておりますよ。お勉強もようして、ええお子さんですよ。そうでしたか。おばあちゃんのご実家のお孫さんでしたか」

校長先生の声が聞こえてきます。

「実家《さと》の弟には子がおりませんでの、妹の娘を養女にしまして、婿は福山《ふくやま》からもらいましたが、これがようできたやさしい婿で……」

ばあさまの声はつづきます。放送係はいったいなにをしているのでしょう。どうして入場行進の最中に、来賓席のマイクのスイッチが入りっぱなしになっているのでしょう。

マコはヒザがガクガクして、体がフラフラして、自分がよっぱらいになったみたいです。だんだん、ばあさまの声も、校長先生の声も、行進の音楽も聞こえなくなって、運動場いっぱいの人たちがみんなクスクス笑っているような音が、ワンワンと耳のまわりを飛び交っています。

「ええから気にせんと。まっすぐ前を見て。ミエさんのあとをついて行ったらええから」

マコの後ろで優勝旗《ゆうしょうき》をかかえている中三の上田君が、大きな声で言っています。

「もっと大またで、ゆっくり歩いて。イッチニィ、イッチニィ……」

一生けんめい上田君の号令に合わせて歩こうとすると、頭と、耳と、足と、手と、心臓《しんぞう》と、まるで体中がバラバラのロボットになってしまったみたいです。

「イッチニィ、イッチニィ」

上田君の大きな声は、行列のみんなにも、客席の人たちにも、きっと聞こえているのに違いありません。どんなにみんな、マコを見て笑っていることでしょう。

花の木じゅうの大人も子どもも、みんなが集まった運動場で、なんだってばあさまと校長先生は、マコのことや父さまのことなどを話しているのでしょう。

マコは、だんだん腹《はら》が立ってきました。老人会の副会長のモヨばあさまの席を校長先生のとなりに決めたのは教頭先生です。昨日、六年生が来賓席の準備《じゅんび》をしたとき、教頭先生は、

「お年よりは一列目にしよう」

と言って、自分で名札を並《なら》べたのでした。マコは、そんなことをした教頭先生までにくらしくなってきました。

行列が第二コーナーを曲がるころ、ようやく校長先生とばあさまの前のマイクのスイッチが切られました。上田君のかける号令は、まだつづいています。

「イッチニィ、イッチニィ……。

あと少し、あと少し、イッチニィ、イッチニィ……。

はーい、ストップ」

静かに上田君が言って、行列はようやく止まりました。分団《ぶんだん》名のボードを持ったマコは、分団の一番先頭で、校長先生のまっ正面。

ばあさまは、いかにもうれしそうにマコを見ています。自分の話し声がマイクで運動場じゅうに流れていたなんて、きっと気づいてもいないのです。となりの校長先生がニコニコ笑ってうなずきました。

そのとたん、マコの目から急に涙《なみだ》があふれてきました。

「優勝旗返還《へんかん》」をして向きを変えて戻って来た上田君が、マコの横を通るとき、ニコニコしなが

らささやきました。

「ほめられちゃったね」

「あーはずかしかった。おばさま、ばあさまに言うてよ。マコがかわいそうじゃったよ」

お弁当《べんとう》の時間になって、母さまや田島のおばさまがいる席に合流したノコの第一声です。

「まあまあ、そねえに言うてじゃあないがええよ。ばあさまは、あなたらあが、かわゆうてかわゆうて、たまらんそじゃから」

おばさまが、ノコをなだめるように笑っています。あんなに腹が立ったのに、誰にもかれにもいっぱい文句《もんく》を言おうと思ったのに……。マコも笑ってうなずきました。

スイッチが入ったままのマイクは、モヨばあさまとマコたちの大切に思い合う気持ちに、花の木のみんなをさそってくれたようでした。

くじらうり

くじらは、水曜日に一時のバスで来ます。

くじらが届《とど》くと、四歳《さい》のケンが、広告を切ったメモ用紙の束とエンピツを持って、

「くじらが来ました」

と言いながら、村の家々をまわります。

村のおばさんたちは、ケンのメモ用紙に「野中三十匁《もんめ》※」とか「川口五十匁」と書いて、大事に持たせます。

ばあさまと母さまは、大きなくじら肉のかたまりを、わら切りに使う押切《おしぎり》で切って、さらに包丁で二十匁から六十匁ぐらいの小さなかたまりに切り分けます。ひとつひとつ重さを計ると、「六十五匁百五十円」とか「三十二匁七十五円」と書いた紙を貼《は》りつけます。村の家々へくじらを配達するのは、学校から帰ってきたノコの役目です。

※匁……重さの単位。一匁は三・七五グラム。

母さまは、残りのくじら肉を、菰《こも》※で包んだ竹かごに積み重ねて、ふたつの荷を作ります。マコが帰ってくると、ふたりはそれを背負子《おいのこ》※に乗せて、奥《おく》にある桧山《ひやま》の里まで「くじらうり」に出発です。

桧山には五つの村があって、全部で六十軒《けん》くらいです。マコと母さまは、桧山の入口から順に、

「くじらはいりませんかの」

とたずねながら売って歩きます。先週予約してくれた家もあるし、「つけ」にしたお金をもらいに寄《よ》るだけの家もあります。

花の木と桧山には、花の木の駅前に食料雑貨《ざっか》屋と農協があるだけで、あとは魚や練り物を持って自転車でまわるおじさんと、缶ひとつに入るだけの魚や干物《ひもの》をかついだ行商のおばさんが来るだけです。肉を買えるところはどこにもないので、週に一回のくじら肉は、どこの家でも心待ちにしてくれています。ふたりができるだけいっぱい担いで行っても、桧山の奥の方に行くまで

に売り切れてしまうことがほとんどでした。

そんなとき、母さまは、

「この次は奥からまわってみようかね」

と言うこともありますが、重い荷を担いで村を素通《すどお》りして、奥から引き返すのはたいへんです。誰《だれ》にでも喜んでもらえる「くじらうり」になるのは、簡単ではありません。

村から村への道々、マコは、日ごろ山や田の仕事でいそがしくてゆっくり話すことのできない母さまと、いろいろな話をします。母さまが小さかったころのこと、マコの学校や友だちのこと、家族や親戚《しんせき》のこと……。それは、とても楽しい時間です。


訪れる家はどこもみんな、マコの家と同じように山と田があってお百姓《ひゃくしょう》をしている、似《に》たような造《つく》りの家です。

でも、庭に入り、戸を開けて声をかけ、話をしていると、一軒一軒がまったく違《ちが》う、いろいろな人のいる、いろいろな家々でした。

いつ行っても家の中がきれいに片《かた》づいている家。汚《よご》れ物と洗濯物《せんたくもの》がグシャグシャに縁側《えんがわ》に散らばっている家。おばさんとおばあちゃんが仲良く相談して、「今日は、どのくらいもらおうかね

※菰……　マコモやわらで織ったむしろ。
※背負子……　農林産物の運搬に使用する道具。しょいこ。

え」と決める家。お嫁《よめ》さんが「五十匁ほど」と注文すると、家の奥からおばあちゃんが「三十匁でええよ。タケシのサシミだけでええ」とおこった声で言う家。お嫁さんが泣きそうな顔で、「このあいだ習うた竜田揚げを弁当《べんとう》にしてやろうと思うたそにねえ」と小声で母さまに言います。

夕方、女の人たちが家事を始める時間帯には、ひとつひとつの家にそれぞれ違った空気が流れているようでした。大きな音でラジオを流したり、子どもたちが、怒鳴られながらもいそがしく家事を手伝っているにぎやかな家。子どもも大人も何人もいる様子なのに、ひっそりとして、みんなバラバラになにかしているような家。

たいていの大人は、大きな荷物を背負《しょ》って母のうしろをついて歩くマコを見ると、

「まあ、ようお手伝いをしてじゃねえ」

とほめてくれます。ごほうびにアメやおかきをくれる人もいます。

「マコちゃんは、こねえにしてお母さまのお手伝いをしちょってよ。あんたらあもしっかり手伝《てつど》うてよ」

とマコをダシに、同じ年頃の子どもに説教する人もいます。

そんな中で、マコは、和田さんの家へ行くのだけは大嫌《きら》いでした。たいていの子どもたちはおこづかいをもらっていませんでしたが、和田さんの子どもたちはもらっていました。家には、里全体でもまだ二、三台しかないテレビもありました。マコの目には、和田さんは、里の中でもお

金持ちでぜいたくな暮《く》らしをしているように見えます。毎週、ほかの家よりも大きな肉も買ってくれます。

それなのに、なかなかお金を払ってくれません。次の週に行ってもお金は用意していなくて、

「まあ、今日はちょうどありませんので」

とか、

「明日は子どもの学級費がいりますからね」

とか、さまざまな理由を言って払いません。それでもまた大きな肉を買うので、ますますお金のない人には見えません。

マコは、

（和田のおばさんは本当にずるい）

と思います。そしてなによりも、

「まあそれじゃ仕方がありませんね。また来週お願いしますね」

と簡単に〈ウソ〉を信じて、

「ありがとうございました」

と頭まで下げて引き下がる、母さまのふがいなさに腹が立ちます。

「和田のおばさんみたいな人には、売らん方がええよ」

「母さまはだまされちょってそよ。和田さんは、うちかたより何倍もお金持ちなそに、払うてく

れてじゃあない。ずるいよ」

「うちだって学校のお金がないと困《こま》るけど、お金がないときは買わずにこらえるそに。『今日はありません』ちゅうて、また買うてじゃから、泥棒《どろぼう》と同じよ」

和田のおばさんにも母さまにも腹を立ててマコが言うたびに、母さまは、

「『今日はない』ちゅうてそじゃから、仕方がなかろうがね。人には、それぞれ他人にはわからん事情《じじょう》があってのそじゃからね。それはそのまんま聞いてあげてがええよ」

とお人好しなことばっかり言います。そのうえ、

「おこづかいを持っちょってじゃの、テレビを持っちょってじゃから、うちよりお金があるはずじゃのと、他人のサイフの中をかぞえるようなことを言うては、はずかしいよ」

とまで言います。

和田さんのような家がある一方で、本当に貧《まず》しそうな小さな家の人が、小さい肉を買って、律儀《りちぎ》に家じゅうの小銭《こぜに》を集めて払ってくれたりします。

(どうして正直に、まじめに生きている人の方が貧乏《びんぼう》で、ずるい、ウソつきのような人がお金持ちなのか。そんなのおかしい。大人は子どもたちに「正直に、まじめに」と言うくせに、大人自身はちっともそうしてないじゃあないか)

とマコは思います。

「大人はみんな、自分がしもせんことを子どもにはおしつけて、いんちきばっかりじゃね。わた

しは和田さんみたいな人は大嫌い。泥棒より悪いと思うよ」

そう言うと母さまは、

「ひとりひとりの誰彼が悪い人じゃあないよ。世の中のしくみが、今はまだそねえになっちょらんから、正直者が損《そん》をするように見えるけど、人間ちゅうものはそれだけじゃあない。それじゃから、やっぱり正直に、まじめに生きてがええよ」

と言います。

いろいろな家の人たちのことを話しながら、マコは、

〈世の中のしくみ〉というものを変えんといけんのだな〉

と思いました。


それは、はじめて行く家でした。

「ここにはあんたのお友だちがおってよ。母さまが奥の方を二、三軒まわってくるから、あんたはここでいっしょに遊んでおってがええ」

坂を登りながら、母さまが言いました。

マコは桧山に住む同級生や友だちの家を全部知っています。いったい誰のことを〈お友だち〉と言っているのでしょう。

「おいでるかね。マコもいっしょに来ましたよ」

母さまが縁側から声をかけると、ガラッと縁側の障子《しょうじ》が開いて、色の白いオカッパ頭の女の子が顔を出しました。

「おばちゃん、連れて来てくれてじゃったそ？」

女の子はニコニコ顔でマコを見ます。

その子はマコと同じ年ぐらいなのに、マコは一度も会ったおぼえがありません。桜山の子どもも通う花の木小中学校には来ていないのです。

「くじらは五匁もらいますちゅうちゃったよ。お金もうちがあずかっちょりますから。なんぼでありますか」

女の子は大人のようにていねいに言って、胸《むね》のポケットからサイフを出しました。

「ひとりでお留守《るす》番をしちょってそ。えらいねえ」

そう言いながら、母さまがマコの背中《せなか》の荷を下ろして、くじらを渡《わた》します。

「うちはね、上の方をまわってくるから、それまでマコと遊んでやっておくれ」

母さまはそう言うと、マコに、

「キヨちゃんといっしょに遊んでがええ」

と言って、また荷を担ぎました。

「ほんと！」

女の子が顔を輝《かが》かせて、うれしそうにマコを見ます。

「ちょっと待っちょって」

また頭を引っこめると、今度は手に何冊《さつ》かの本とノートを持って、いざりながら縁まで出てきました。

「マコちゃんのことはね、姉ちゃんからも、おばちゃんからも、何回も聞いたからよう知っちょるよ」

(姉ちゃんって誰？)

マコはそっと玄関《げんかん》の表札を見ました。「田代」と書いてあります。二学年上の田代さんかもしれません。

「うちも本当は、マコちゃんと同じ四年生じゃけどね、病気じゃから、学校に行かんそよ」

女の子は、いざっているので歩けないようでしたが、顔はとても元気そうです。

「痛《いた》いそ？」

マコが小さな声で聞きました。女の子は、それには答えないまま、

「へでも、はあ、五年生の本も、六年生の本も、全部読みきるよ。漢字も覚えたよ。マコちゃん

は何年まで読みきってかね？」

言いながら、『五年生の国語』を開いて見せてくれました。

マコは知りませんでした。花の木小中学校の校区にいる同じ年の子どもは、毎日学校で会う三十一人と分校の七人の三十八人だけだと、ずーっと思っていました。病気で一回も学校に来たことのない〈同級生〉がいたのです。それなのにこの子は、「マコちゃんのことは、よう知っちょるよ」と言い、「六年生の漢字だって全部覚えた」と言っています。

マコはなんだか、自分がなにも知らない「おチビのおバカさん」に思えてきました。

どうして大人たちは、この子のことをマコたちに教えてくれなかったのでしょう。どうしてこの子のお姉ちゃんや近所の子どもたちは、この子をリヤカーに乗せてでも、背負ってでも、学校に連れてきてあげないのでしょう。

いつもニコニコ笑っていて、誰にもやさしい六年生の田代さんは、家に妹を残してどんな気持ちで毎日学校に来ているのでしょう。ノコがカゼをひいて一日休むだけでも、マコは妹がかわいそうで、いてもたってもいられない気持ちになります。マコは、急に田代さんのニコニコ顔も、やさしさも、信じられない気持ちになりました。

「今日の給食はなんじゃった？」

「うん。イモサラダとカレー。あとジャムもあった」

「姉ちゃんがね、パンを残して持って帰るから、うちも給食を食べるそよ」

「パン好き？」

「うん。大好き」

マコは給食のパンもミルクも嫌いです。なんだか申しわけない気持ちになってきます。

「なにして遊んじゃったそ？」

マコたち四年生で今流行っているのは、ゴム跳びです。マコはこのごろ、ようやく五段《だん》が跳べるようになりました。でも、家の中でいざっているこの子は、足が悪くて、立ったり走ったりできないのに違いありません。マコはなんだか、「ゴム跳びがおもしろい」なんて言うのは悪いような気がして、

「あやとりは好き？」

と聞きました。

「うん。うちは姉ちゃんより上手よ。マコちゃんは好き？」

「うん。へでもあんまり上手じゃあない」

「あやとりする？」

女の子は家の中をふり返りました。あやとりの糸を取りにいくつもりかもしれません。

「ううん。はあ、母さまが帰ってきてかもしれんから」

マコは、女の子と並《なら》んで縁側に座《すわ》ると、五年生の教科書を手に取りました。本の裏《うら》表紙には、「田代和枝《たしろかずえ》」に二本の棒をひいて、大きな字で「田代清子《きよこ》」と書いてあります。

「本が好きなそ？」

「うん。姉ちゃんが借りてきての本は、うちも全部読む」

マコは、

（この次来るとき、私の本を持ってきて貸《か》してあげよう）

と思いました。でも、「うちの本も貸してあげる」と言い出す勇気はありません。六年生の本も読めるこの子は、マコが持っているお話の本なんか、もうとっくに読んでしまったかもしれないのですから。

「マンガも好き？」

「うん。『りぼん』とか『少女クラブ』とか、おもしろいよね」


ようやく母さまが戻《もど》って来ました。

「いっぱい遊んじゃったかね？」

「マコちゃん、また来てね。おばちゃんありがとう」

女の子は、ニコニコ笑って手を振《ふ》ってくれるのに、マコは、ふだん友だちと別れるときのように素直に「サヨナラ、またね」と言う声が出て来ません。黙《だま》って手を振りました。

「六年の田代さんかたなそ？　病気てなんね。みんなに伝染《うつ》る病気なそ？　足が悪うても、元気に見えるね」

「キヨちゃんはね、あんたと十日違いで生まれてじゃったそよ。あんたはこまい赤ちゃんで、産婆さんが『よう育ってじゃああるまあ』ちゅうてじゃったけど、キヨちゃんは丸々太って、赤ちゃん検診《けんしん》のときはいつでも優良児《ゆうりょうじ》じゃったそよ。

かわいそうに、三つくらいのときに、小児マヒにかかって足が立たんようになってじゃった。頭のええ子で、お姉ちゃんの教科書を見て、ひとりで家で勉強して、お姉ちゃんのテストでもなんでもできてらしいよ」

「うん。六年の本でも読むちゅうてじゃった。勉強が好きなそに、なして学校に行ってじゃあないそ？」

マコには、足が立たなくても、あんなに元気そうで勉強が大好きで、学校のこともいっぱい知りたがるキヨちゃんが、どうして学校へ行かないのか不思議です。

「お母ちゃんたちは、なして足が悪うても学校に入れてください、ちゅうてたのんであげてじゃあなかったそ。おんぶしててでも、リヤカーに乗せてでも、なんぼでも連れていってあげられるそに。田代さんは、うちらにはやさしいけど、妹にはやさしゅうないそかね」

「そねえなことはないよ。キヨちゃんとお姉ちゃんはとっても仲良しで、お姉ちゃんは、いつみてもやさしゅうにしてあげてよ。

学校に入れてがええちゅうて、みんなしていろいろ考えてじゃったがね。どこの家にも事情があってじゃから、家に足の立たん子がおるちゅうことを人には知られとうない親もおって。足の悪い子を人目にさらすのは、はずかしい思いをさせたり、いじめられて、かわいそうじゃと思うての親心もあってじゃったろうよ。みんながそれなりによかれと思うて、そうしてじゃったことじゃから、お母ちゃんたちやら、お姉ちゃんを責《せ》めてじゃあないよ」

「うちは明日、キヨちゃんも四年生に来られるように、先生にたのんでみちゃげる。学校へ来ちゃったら、みんなで助けてあげる。お姉ちゃんが連れていってじゃあないなら、桧山の四年と花《はな》の尾《お》の四年で連れていってあげられるように話してみる」

母さまだって、ふだん「子どもは学校が大事。お友だちに会《お》うて、新しいことを習《なろ》うて、だんだん大人になっていってのそじゃから」と言っているのです。赤ちゃんのときから知っていて自分の子どもと「一番誕生日《たんじょうび》が近い子」が、マコと同じクラスに入って仲良くなることに反対するはずがありません。友だちにさせたいから、今日、マコをキヨちゃんのところへ連れていったのですから。

でも、母さまの考えは違いました。

「キヨちゃんのことを、学校でみんなに言うてじゃあないがええよ。おうちの人がひみつにしておきたいのに、あんたがアレコレ言うてじゃったら、かえってみんなが困ってじゃろうで。誰もキヨちゃんのことを忘《わす》れちょってそじゃあないよ。どねえしてあげるそがええか、おうちの人も、みんな考えちょってじゃから。あんたはときどき行って、いっしょに話をしたり、遊んだりしてあげてがええ。あねえに楽しみに待ってくれちょってそじゃから」

きっと母さまの言うことが正しいのでしょう。でも、マコは大人はずるいなと思います。それに母さまと大人たちも、キヨちゃんのことやほかの子どもたちのことを、ちっとも信じていません。キヨちゃんは、あんなに学校が好きなのです。「行きたいか」って聞かれたら、きっと「行きたい」って言うでしょう。

たしかに、足の立たない女の子をジロジロ見たり、いじめたりする子はいるでしょう。でも、みんながみんないじめっ子ではありません。助けようとする子が必ずいます。いじめっ子だって、年がら年じゅう誰かをいじめているわけじゃありません。誰かと仲良くしたがったり、やさしくするときの方が多いのです。ほがらかで元気なキヨちゃんは、きっとすぐにみんなと仲良くなるでしょう。

子どもがかわいそうだから学校にもやらない、人にも知らせないなんて、それは子どものためじゃあなくて、自分の子が泣いたり困ったりするのを見るのがつらい、という大人の都合のように見えます。マコだって、ケンカをするし、いじめたり、いじめられたりもするけれど、そんなことより、いっしょに勉強して遊んで話して、みんなで笑ったり泣いたりすることの方が、よっぽど大切でうれしいのです。

マコにはわかります。もしクラスのみんなに、「私たちにはもうひとり同い年の女の子がいて、歩けないからひとりでは学校に来られないけど、勉強が大好きで、友だちをほしがっているんだよ」と言ったら、ほとんどの子が大喜びで、「迎《むか》えに行こう」と言うに決まっています。「みんなでその女の子を、助けたり、守ったりしてあげよう」と考えるに決まっています。キヨちゃんだって、いやなことがあったって、大好きな勉強や友だちのために、がんばるに違いありません。

それからも何回か、マコは、母さまが奥の家をまわるあいだ、キヨちゃんといっしょに話したり遊んだりしました。でもそれは、学校の友だちといるときのような楽しみな時間ではありません。マコが持っている本を貸してあげたり、キヨちゃんの本を借りて帰ったりもしました。でもそれは、学校の友だちといるときのような楽しみな時間ではありません。マコの心の中にはいつも（この子の前では、なにか思ったまんまを言ったりしたりしちゃあいけない）というブレーキがかかっているみたいだったからです。

くじらうりの楽しみのひとつは、桧山のまん中にある大野の家へ寄ることです。そこは父さまの妹の家で、同級生のカズ坊と小さな従兄弟《いとこ》たちがいます。マコたちが行くと、おばあちゃんはいつも「よう来た。よう来た。寒かったろう」と言って温かい牛乳《ぎゅうにゅう》を出してくれます。大野の家は大きな専業《せんぎょう》農家で、何頭も乳牛を飼《か》っていたり蜂蜜《はちみつ》を集めたりしているのです。

「まだ奥をまわってかね。へんならカズ坊といっしょに行ってがええ。自転車に荷を付けりゃあ、ちいとは楽になりましょう」

おばあちゃんが言ってくれます。

「おばちゃん、僕が行くよ。マコは行かんでもええぞ」

カズ坊が、大はりきりで母さまとマコの背負子《おいのこ》から荷を降《お》ろして、自分の自転車に積みかえます。マコは、おばあちゃんのお手伝いをしながら従兄弟たちと遊んで、母さまとカズ坊を待ちます。女の子のいない大野の家では、マコは大モテです。


「ただいまー。今日も全部売れたよ。谷の方までは、行かれんかった」

カズ坊と母さまが帰ってくると、今日のくじらうりはおしまいです。

「みんなほしがってそに、いつでもくじらが足らん。来週から半分はバスで桧山まで上げちょっちゃったらええ。へたら、僕が谷の方まで売っちゃげる。ね、ばあちゃん」

いっつも正義《せいぎ》の味方で、誰かが困っていると一番はじめに助けにいくカズ坊は、くじらがほしいのに、家が村のはずれにあるばっかりに買いそびれる家があるのはたまらないのです。

「そりゃあええけど、なかなかそねえもいくまあ。叔父《おじ》ちゃんが帰っちゃったらきいてみい」

おばあちゃんは、笑いながらマコたちに持たせてくれる牛乳の一升瓶《いっしょうびん》をつつんでくれました。

マコが背負子のカゴに入れようとすると、

「よっし、僕が自転車で送ってあげる。マコちゃん、荷をこっちい乗せさん」

暗くなった道を、女ふたりで怖《こわ》くないように、カズ坊が送ってくれようというのです。

カズ坊は、マコの母さまとふたりでいろんな話をしながら歩けるくじらうりが、いつもとっていです。

も楽しみなようでした。

マコとカズ坊はとっても仲良しで、休みの日にはカズ坊が泊まりに来たり、学校や下校の道々で、よくいっしょに遊びます。物知りでしっかり者のカズ坊は、いつでも、誰より元気なリーダーです。でも、暗くなった道を三人で歩くときのカズ坊は、ふだんのカズ坊とは違う人になるみたいです。


二年生のときから大野の家の里子になったカズ坊は、今は施設《しせつ》にいてはなれればなれになっている姉弟のことや、病気で入院したきりのお母さんのこと、ばあちゃんの家に来る前の、まだお父さんも生きていて、家族がいっしょにくらしていた小さいころのことをいっぱい話します。

「ぼくはね、大人になったらお金を貯めて、大きな家を建てて、母ちゃんも姉弟も、みんな呼《よ》んでいっしょに暮らすそよ。ぼくらがみんな大人になって、結婚《けっこん》して、子どもが生まれても、嫁さんも子どももみんな同じ家でいっしょに住むそよ。マコもおばちゃんも泊《と》まりにきてや」

そんなときのカズ坊は、いつも探検《たんけん》や新しい遊びを発明することばかり考えている、ひょうきん者のカズ坊とは全然違う、ちょっと大人で、甘《あま》えん坊な、別の男の子になったようです。

カズ坊の夢《ゆめ》は、友だちにもばあちゃんたち大野の家の人たちにも〈絶対《ぜったい》にないしょ〉です。カズ坊の話を聞きながら、マコは（早《はよ》う大きゅうなりたいなあ）と思います。


母さまは、くじら肉なんか食べないようなお年よりだけの家や、ひとり住まいのおばあさんの家にも、必ず声をかけます。ときには、いつまでもおばあさんの長話を聞いていることもあります。

「どうせ買うてじゃない人のところに、なしてわざわざ寄ってのそ？　時間がおしいよ」

マコはイライラします。

「まあ、そねえなもんじゃあないよ」

母さまは平気です。でも、こんな調子では、くじらうりは商売になりません。

一番困るのは、山奥に小屋を建てて仕事をしている樵《きこり》さんのところへ「行ってあげようかね」と言うときです。注文されているなら、遠くても仕方がありません。でも、いるかいらないかも、買ってくれるかどうかもわからないたった一軒のために、時間をかけて山の奥まで行くのは、マコには、とても無駄《むだ》でバカらしいことのように思えます。

「もうからんし、行かんでもええよ。そのあいだに村の中を何軒もまわって、いっぱい売った方がかしこいよ」

「へでもね、もしあんたが山の中の一軒家に暮らしちょって、誰もなにも売りにきてくれてじゃあなかったら、どねえな気持ちになってかね。

それでのうてもさびしい毎日に、情《なさ》けない思いまでしてじゃあないかね。楽しみにしてくれちょってじゃから、行ってあげんと」

母さまは、「あんたはいやなら、先に帰ってじゃってもええよ」と言うけれど、さびしい夕方の山道を、母さまひとりで行かせるわけにはゆきません。

マコが行くと、樵さんたちは本当に喜んでくれます。マコや友だちのために、おじさんは、めったにない三つ叉《また》の木でパチンコを何個《なんこ》も作ってくれたり、おばさんがお手玉にするクスの実や木の実をいっぱい集めておいてくれたこともあります。そんなとき、マコも（来てあげてよかったな）と思います。日ごろ、里の人たちが「よそ者じゃから」と言ってあまりつき合わないだけに、きっとよけいにうれしいのでしょう。

でも、母さまは、つくづく商売が上手じゃあないと思います。

マコも、寒かったり荷が重かったりして、つらいこともあるけれど、くじらうりに歩くと、いろいろな人と知り合えたり、知らなかったことを知れるのは楽しみです。きっと母さまも、いっぱいくじらを売ってお金もうけをすることよりも、いろんな人に会って、「まあ、よお来てくれてじゃった」と喜んでもらうことの方が、大事なのに違いありません。

夜になると、囲炉裏《いろり》ごたつを囲んで、母さまとマコが売り上げの計算をします。マコは二年生のときにそろばん教室に入りましたが、たった三回で退学《たいがく》になってしまったので、そろばんが速くありません。母さまが読み上げる数字を、一生けんめいそろばんに入れても、横にいるばあさまやノコの暗算の方が、いつも速くて正確《せいかく》です。

（私だって暗算か筆算にしたら、ちゃんとできるのに）

と思いますが、マコは「くじらうりの帳面係」なので、そろばんで計算しなければなりません。

帳面つけを手伝っていると、四年生のマコにも、くじらうりはちっとも儲《もう》かっていないことがわかります。

くじらうりはマコの家族だけでなく、大勢《おおぜい》で働きます。父さまが注文したくじらをバスに乗せてくれるくじら屋さんも、花の木でバスから降ろす車掌さんも、カズ坊も、みんなが協力して、ようやく売れるのです。それにくじらはみんなに喜ばれて、いつも足りなくなるほどよく売れます。でも、くじらうりのお金はドンドンドンドン減《へ》ってゆくようです。マコには、母さまの商売下手のせいとしか思えません。このままくじらうりをつづけたら、家はもっともっと貧乏になりそうで、マコは心配でたまらなくなります。

春になって百姓仕事がいそがしくなると、くじらうりはおしまいです。桧山の家々を訪ねられないのはちょっとさびしいけれど、マコには、ようやく家族に「本当の毎日」が戻ってきたような気がするのでした。

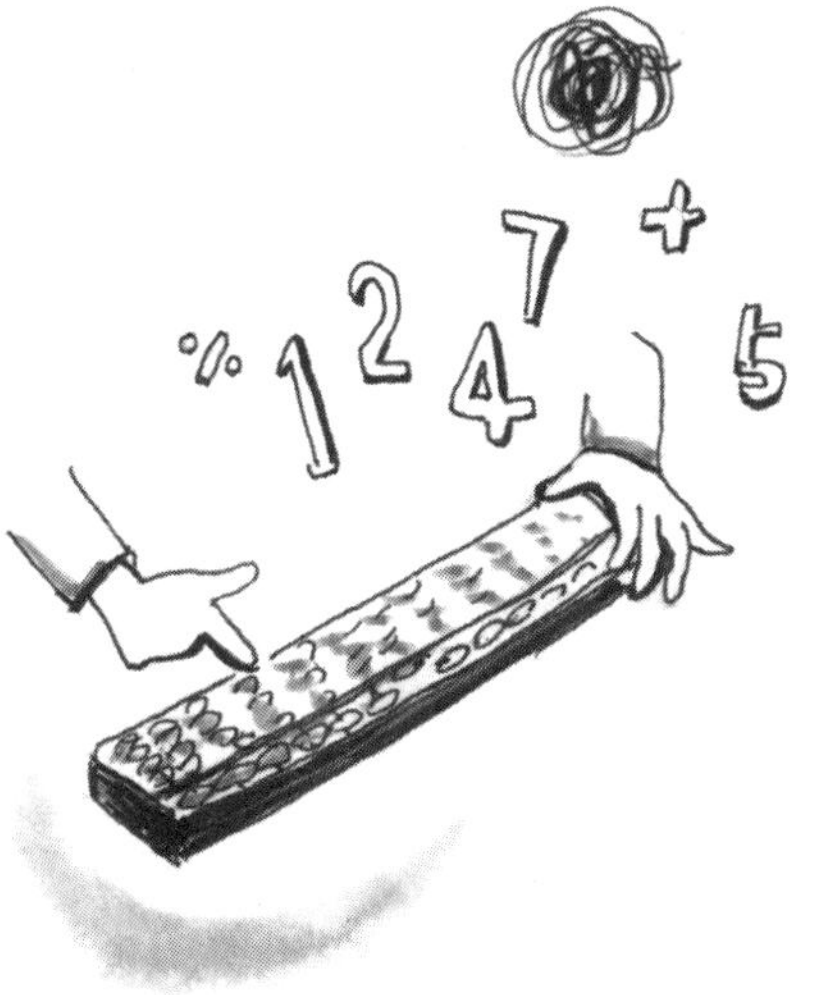

ハーモニカ

「姉さま。今日、ハーモニカを貸《か》してね」

朝ごはんのあとです。登校の準備《じゅんび》をしていたノコが、声をかけてきました。

「ハーモニカ？　今日は、うちも使うそよ」

台所の片《かた》づけを手伝っていたマコが、あわてて答えます。

「へー、でも、うちらあも、今日練習があるから」

カバンの中にハーモニカを入れながら、ノコが言います。

家には、ハーモニカが一本しかありません。マコとノコがふたりで使う〈おもやい〉※です。ふたりの家では、カスタネットも、たて笛も、絵具箱も、習字箱も、毎日は使わない学用品のほとんどがひとつしかないので、ふたりの〈おもやい〉なのです。

ふたりは五年生と二年生なので、習うことも違《ちが》うし、必要になる日も違うので、ふだんあまり困《こま》ることはありません。ふたりが同じ日に使うようなときは、近所のフウ姉ちゃんにマコの分を借りるのが習わしになっています。

「なして、今ごろ言うてのそ！」

大声でどなると、マコは急いでかけ出しました。フウ姉ちゃんが登校する前につかまえて、ハーモニカを借りなければなりません。

（ノコのバカが、今ごろ言うてから）

中学生のフウちゃんたちは、きっともう家を出てしまったに違いありません。


「フウちゃん。まだおってー？」

縁側《えんがわ》をふいていたフウちゃんのお母ちゃんを呼《よ》びました。

「おはようマコちゃん。どねえしちゃったかね。フウは、はあ、学校へ行ったよ」

「あーあ……（どうしよう）」

「どねえしちゃったそ。なにか困ってじゃったそ？」

「うん」

マコは、心配顔で聞いてくれるお母ちゃんに、マコもノコもふたりとも学校でハーモニカの練習があるので、フウちゃんのハーモニカを借りにきたことを話しました。

「そりゃあ、さがしてみてあげよう」

※おもやい……　共有、いっしょに使うこと

お母ちゃんは、マコをフウちゃんの勉強部屋へ連れていくと、いっしょに机《つくえ》の中や本棚《ほんだな》を探《さが》してくれました。でも、部屋のどこにもハーモニカはありません。マコはがっかりしました。

「持っていったみたいじゃねえ」

残念そうにお母ちゃんが言います。

もうすぐ小学校と中学校の合同学芸会があるので、どの学年も、劇《げき》や演奏《えんそう》の練習をしているのです。きっとフウちゃんもハーモニカを使うのでしょう。

「休み時間に借りに行かれんかね」

お母ちゃんがなぐさめるように言ってくれましたが、マコもノコもハーモニカの練習は三時間目です。お昼休みに借りても、もう遅《おそ》いのです。

「なしてノコは、昨日言うてじゃあなかったそ！　昨日のうちに言うそが、約束じゃろうがね！」

「忘《わす》れちょったそ」

ノコがオドオドした小さな声で答えます。

「うちらあは、今日、大事な練習があるそじゃから、絶対《ぜったい》に忘れられん。ノコが言い忘れちゃったそじゃから、今日はノコが忘れていき」

マコは手を伸《の》ばして、ハーモニカを取ろうとしました。

「忘れていったら、先生にしかられる。おおかた、廊下《ろうか》に立たされる。おとついは三人も立たさ

れてじゃった」

そう言うとノコは、メソメソと泣き出してしまいました。

（自分が言い忘れたクセに。ノコはいつでも泣いてわがままを通すそじゃから）

マコは、腹《はら》が立ってたまりません。

（今日は、絶対うちが持っていく。ノコが悪いそじゃから、仕方がない）


「早うしてじゃあないと、学校に遅れてよ」

土間から母さまが声をかけます。ハーモニカの入ったランドセルを抱《だ》いて座《すわ》り込《こ》んだまま、ノコは動こうとしません。

ふたりの話を聞いていたばあさまが、マコを呼びました。

「ノコに持たせてあげてがええよ。マコは五年生じゃから、ちゃんと先生にわけを言うてあやまってじゃったら、先生もしかってじゃあなかろう。アンタが忘れてじゃったそじゃあない。家にひとつしかないものは、しょうがないそじゃから。先生もわかってくれてと思うよ。

ノコちゃんも、今度からちゃんと早うに言うてじゃあないと、こうしてみんなが困ってじゃからね。

さあ、ふたりとも、早う学校においで。おくれてじゃったら、みんなを待たせるよ」

ランドセルを抱いて、子ども部屋で丸くなっているノコにも声をかけました。

ノコが小さな声で

「姉さまごめんね」

と言いました。

(まだ、決めたわけじゃあない)

とマコは思いましたが、ばあさまの言うとおりに違いありません。

ノコたち二年生の林田先生は、女の先生だけどとってもきびしい人で、六年生でも怖《こわ》がっています。きつい言葉でしかりつけたり、女子でも男子でも、ぶったり立たせたり、罰《ばつ》をさせたりするからです。ノコをそんな目にあわせるのはやっぱりいやです。でも、マコだって先生に、

「忘れました」

と言ってしかられるのも、

「家にはハーモニカが一本しかないので、今日は妹が持って行って、わたしは持って来られませんでした」

と言うのも、はずかしくていやです。なによりも、今日の練習を休んだら、ハーモニカが苦手

なマコは、ますますみんなに遅れてしまうでしょう。

花《はな》の尾《お》村の子は、いつもみんなでおもしろい話をしたり、おにごっこやかけくらべをして遊びながら学校まで行きます。でも、今日のマコはとってもゆううつで、ちっともおもしろくありません。ノコもしょんぼりしていて、下ばっかり見て歩いています。ノコがときどきマコの近くに来ても、マコはにらみつけるだけです。


二時間目が始まったばかりのころです。

「マコちゃん、妹が来ちょってよ」

後ろの席のトシ君が、小声で教えてくれました。

「えっ、ノコが……」

先生に見つからないようにこっそりと廊下の方を見ると、廊下側の窓《まど》にノコの目と頭がのぞいています。マコに向かって、ノコの目がなにか言っています。

(なに？　どうしたんだろう。授業《じゅぎょう》中にどうして来たの？)

マコは急に心配になってきました。

ノコは、学校で困ったことがあると、よくマコのところに来ます。でもそれは、いつでも休み時間のことです。授業中に来たことは、今まで一度もありません。

黒板に向かって字を書いている先生の方と、廊下のノコを交互《こうご》に見ながら、（どうしよう）とマコが迷《まよ》っていると、トシ君が、

「行っちゃり、先生に言うて、早うに行っちゃり」

と小さな声で言います。

トシ君は同じ村の子ではありませんが、ノコのことが大好きです。ノコが入学して以来、自分の妹か親戚《しんせき》のようにかわいがっています。

それはまだ、マコたちが一年生か二年生のころです。トシ君母子《おやこ》と、マコたち姉弟と母さまが同じ汽車に乗り合わせて、いっしょの席に座ったことがありました。ひとりっ子のトシ君は、小さい弟や妹がめずらしいようで、トシ君のお母ちゃんがノコを膝《ひざ》に抱いているあいだ、ずーっとノコの手を握《にぎ》ったり、さすったりしながら、

「マコちゃんはええのー。こねえなかわいい妹と弟がおってええのー」

と何回も、何回も、うらやましそうに言うのでした。

それ以来トシ君は、どこかでマコの妹や弟を見かけると、必ず近よって名前を呼んで話しかけたり、手をつないだりするようになりました。ノコが入学してくると、ブランコを押《お》してやったり、すべり台やジャングルジムに登らせてやったり、特別にかわいがっています。

だんだんみんなも、廊下のノコに気がついてきました。マコがグズグズしていると、トシ君が、

「先生、マコさんの妹が廊下に来ちょってです。なにか用事があるみたいです」

と先生を呼んでくれました。

「どうした？」

振《ふ》り向きざま、廊下のノコに気がついた青木先生は、

「ちょっと待っちょれ」

とみんなに言うと、廊下に出ていきました。

「なにかお姉さんに用事かね」

先生の言うのが聞こえます。耳を澄《す》ましていると、

「これを姉さまに渡《わた》してください」

小さな声でノコが答えるのも聞こえました。

「持って来てあげたのかね。ごくろうさま。おいマコさん、妹さんが、忘れ物を持って来てくれたぞ。ダメじゃあないか」

先生は廊下から声をかけます。みんながニヤニヤ笑いながらマコを見ます。

マコが廊下に行くと、先生の手には、今朝ノコが持って行ったハーモニカがあります。

（どうしてノコはハーモニカを持ってきたのだろう。それも授業中に。ノコたちの練習はもう終わったのだろうか）

そんなはずはありません。マコの頭の中には、

(どうしたの、どうしたの。なしてね、なしてね)

という疑問《ぎもん》が次々にわいてきます。

先生は、ニコニコしながら、

「忘れん坊《ぼう》のお姉ちゃんじゃね。どうもありがとう」

とノコに言うと、ハーモニカをマコの方にポンと手渡してくれます。

(ちがうんです、先生! 忘れたのじゃありません。家にはハーモニカがひとつしかないから……)

と、今朝の騒動《そうどう》を話したいけれど、マコにはそれを言い出す勇気がありません。


「さあ、教室に帰ろうか。姉さんのところへ来ることを、林田先生にことわってきたかね」

とたずねられたノコは、しばらくたってから、黙《だま》って首を左右に振りました。目から涙《なみだ》がこぼれています。

ノコは、マコにハーモニカをゆずるために、林田先生にはなにも言わずに、こっそりと教室を抜《ぬ》け出して来たのです。朝からマコがおこっていて、口も利いてやらなかったからです。ノコは、自分が忘れ物で先生にしかられるのをがまんして、マコにハーモニカをゆずろうとしたのです。先生にしかられるに決まっているのに、どんなに怖かったことでしょう。どんなに悲しくてつら

かったことでしょう。マコは、黙って教室をぬけ出して来たノコを責《せ》めるよりも、小さな妹にそんなつらい思いをさせてしまった自分が、とっても許《ゆる》せない、はずかしい気持ちになりました。

「先生、妹も、今日三時間目にハーモニカを使うんです。でも、家にはひとつしかないから、朝ケンカをして……」

涙だけがあふれてきます。

「妹は、私が先生にしかられるのを心配して、ゆずってくれようとしているのです」

そう言おうとして、マコの声は途中《とちゅう》で消えてしまいました。ノドのところになにかがつかえて、栓《せん》をされてしまったみたいです。どう言ったらいいのか、どうしたらいいのか、マコにはわかりません。

オロオロと涙だけがわいてくるマコの肩《かた》を、青木先生がポンとたたきました。

「ああ、昨日言い忘れちょったね。今日マコさんには指揮《しき》の練習をしてもらおうと思っちょったから、ハーモニカはのうてもええよ。妹さんが持っていったらええ。昨日言い忘れた先生が悪かった。ごめんごめん……。先生が一番忘れん坊じゃあ」

先生はそう言うと、笑いながら自分の頭を何回もたたきます。

こんどはハーモニカをノコの手に握らせながら、青木先生はノコの顔をのぞきこむようにして言いました。

「お姉さんは今日指揮の練習をしてもらうから、ハーモニカは使いません。安心してあなたが練習していいよ」

（指揮の練習？）

指揮の練習は、先週から下山さんが担当《たんとう》しています。ふたりはいらないはずです。

（先生はいったいなんのことを言っているのだろう？）

「さあマコさん。妹さんを送っていって、林田先生にわけを話して、黙って教室をぬけてきたことを、あやまってあげなさい」

先生がマコの肩をポンポンと二回たたきました。


マコはノコの手を引っぱるようにして、二年生の教室がある第二校舎《こうしゃ》へ向かいます。渡り廊下に降《お》りて、青木先生が見えなくなったとたん、ノコの足が止まりそうになりました。

「ノコ」

マコに手を引っぱられて、すのこの上をひと足ひと足進むたびに、ノコは、ハーモニカを持った手でマコの上着を引っぱるようにして、だんだん腰《こし》を落としていくのです。マコには、そんなノコを力づくで引っぱっていく力はわいてきません。

（林田先生にどうわけを話せばいいんだろう。どうあやまればいいんだろう。林田先生は、なんと言ってノコをしかるだろう。どんな罰をするだろう）

マコの頭の中で、そんな言葉が行ったり来たりしています。

とうとうふたりとも、渡り廊下の腰板に寄《よ》りかかって、うずくまってしまいました。黙って教室を抜け出したノコが、学校一怖い林田先生にどんなにおこられるかと思うと、マコは二度とノコを二年生の教室に行かせたくはありません。

（二年生の教室が、何百メートルも、何キロメートルも向こうにあって、永遠《えいえん》にたどりつけなくなればいい、このまま地球全部が消えてしまえばいい）

「姉さま」

ふるえながらノコが寄りかかってきます。ふたつの校舎にはさまれた中庭は、しーんとして、時間が止まったみたいです。

（このままふたりで消えてしまいたい。みんなが私たちのことを忘れてくれたらいいのに）

どこへも行きたくない、誰《だれ》にも会いたくない気持ちです。でも、そんなことができるはずもないことを、マコはよく知っています。これ以上ノコが遅れないように、早く教室に帰してやらないといけないことも、林田先生に上手にあやまって、ノコがあまりしかられないようにしてやらなければいけないことも、わかっています。でもマコは、渡り廊下の腰板に寄りかかったまま、体も頭もいっしょに固まったみたいでした。

つないでいるノコの手が、ブルブル震《ふる》えています。ノコはどんなに怖い思いをしているのでしょう。ノコをはげまさないといけないのに、マコはどうしたらいいのかわからないのです。

「どねえした？」

どのくらいたったのでしょうか。顔を上げると、いつもよっぱらいみたいに元気がいい教頭先生が、ニコニコして立っていました。先生の坊主頭が、ピカピカ光っています。

「さあ、ふたりとも授業に遅れるよ。立って立って」

教頭先生は両方の手を差し出すと、ふたりを引っぱり起こしてくれました。

「よっし、ノコちゃんは先生といっしょに教室へ帰ろう。マコさんはひとりで帰れるね。林田先生には私が言うてあげるから、心配はいらん。安心して勉強しておいで」

教頭先生は、ノコにハーモニカを持たせると、大きな手でノコの顔の涙をふいてやると、

「ベッピンが台なしじゃあ」

と笑いながら言いました。ノコの顔がちょっとニコッとしました。

（だいじょうぶだな）

マコは、黙って教頭先生におじぎをすると、五年生の教室の方へ歩き始めました。ゆっくり、ゆっくりと。

校舎の入り口でふり返ると、教頭先生はかがみ込んで、ノコと顔をくっつけるようにしています。なにかないしょ話をしているようです。ノコはフフッと笑っているみたいです。

（みんなに助けられるなあ）

安心したはずなのに、マコの目から、また涙がわいてきます。

数日後、学芸会が行われました。五年生の合奏で、マコは三台のオルガンのひとつを担当しました。二年生の合奏では、ノコはもちろんハーモニカ担当です。

その年のクリスマス、サンタさんは「ハーモニカ上手」のノコに、青いプラスチックのハーモニカを持ってきました。ノコは、その低学年用の小さなハーモニカを、中学生になっても使っていました。

大ゲンカ

マコは川沿《かわぞ》いの道を走りながら、胸《むね》がドキドキして、涙《なみだ》がポロポロ出て止まりません。スカートもブラウスもグシャグシャで、手も足もヒリヒリしています。

マコがおこっているときも泣いているときも、いつでもなにかおもしろいことを言って笑わせてくれるマリちゃんが、泣きながら言いました。

「くやしいね」

大ゲンカをして、ボロクソに負けたのです。

向こうはクラスでも大きな子が五人で、こっちはチビなふたり組。でもマコは、走りながら自分に言いました。

(力では負けたけど、心は負けてない)

小学校に上がって今日まで、マコもマリも、誰《だれ》かととっくみ合いのケンカをしたことも、なぐられたことも、ありませんでした。いつでも、誰とでも、仲良くしてきました。

昨年クラスの女子が、ふたつに分かれていがみ合っていたときも、マコとマリは、

（ケンカの理由がない）

と考えて、中立をたもち、どっちの味方にも敵《てき》にもなりませんでした。みんなが仲直りできるようにいろいろ考えて、大勢《おおぜい》で遊ぶゲームに毎日みんなをさそったりしたのです。

ふだんはけっしてマコたちにはケンカをふっかけない級長のアコちゃんや副級長のチカちゃんたちが、なぜ急にいじわるになって、マコたちをなぐるほどに責《せ》めたてたのか、そのわけがまったくわかりません。でも、ひとつだけわかっていることは、このケンカを絶対《ぜったい》に野中のお兄ちゃんに知られるわけにはいかない、ということです。

「ケンカのことは、絶対、誰にもひみつにしようね」

「うん。先生にも言わんよ。明日から学校へ行っても忘《わす》れたふりをしちょこう」

「聞かれても、アコちゃんたちがなにか言うちゃっても、うちらあはなんにも言わん」

マコとマリはそう約束しました。

明日は五年生の修学旅行《しゅうがくりょこう》という日でした。五年生では今年、「おやつ代は二百円まで」と決まりました。ふだん自分で買い物をする習慣《しゅうかん》のないマコとマリも、今年は同級生たちと同じように、自分で買いそろえることにしたのでした。

二百円分ものお菓子《かし》を、自分のためだけに、自分で選べるなんて、マコとマリにとっては初め

ての経験《けいけん》です。ふたりは、何日も前からとても楽しみにしていました。

授業《じゅぎょう》が終わると、ほかの村のアコちゃんやチカちゃんたち五人といっしょに、駅の近くの古田商店に行きました。

「まあ、みんなで。今日はいったいなにごとかね」

古田のおばさまが、びっくり顔でたずねます。

「明日は修学旅行じゃから、おやつを買いにきました」

「まあ、そりゃあ楽しみじゃね。よう見て決めてがええよ」

おばさまはニコニコして、みんなが店の中を行ったり来たりするのを見ています。七人でいろいろなお菓子を手に取ったり、見せ合ったり、二百円になるように上手な組み合わせを計算し合いながら、店の中を歩きまわります。

「あ、これおいしそう。テレビで宣伝《せんでん》しちょったそよ。うちは初めて見た」

大きな声で誰かが言いました。

「なに、なに」

「どれが……」

「うちもテレビで見た。おいしそーよね」

みんなが集まって来ました。それは、青い箱に入ったチョコ

レートクリーム味のクッキーのようです。

「なんぼ？」

「百八十円」

「エーッ。高いねー。それを買《こ》うたら、あと二十円しか残らんよー」

みんながっかりです。

「食べたいね」

「おいしそうよね」

口々に言いながらも、修学旅行のお菓子が一種類になってしまうのは、なんだかとっても寂《さび》しい気がして、みんなは、やっぱりほかのお菓子で二百円分を買うことにしました。

マコとマリが、ようやくお菓子を選び終わってお金を払《はら》っていると、

「ゴメン！」

と大声で言いながら、男の人が店に入ってきました。お会計のところにマコとマリを見つけると、

「おっ、おつかいか」

と近づいて来ます。

同じ村の野中のお兄ちゃんです。マコたちはお兄ちゃんの家の人と同じように、「お兄ちゃん」

と呼《よ》ぶけれど、本当はもう三十五歳《さい》のおじさんです。

「うんにゃ。明日が修学旅行じゃから、自分でおやつを買いに来たそよ」

マコは、ちょっといばって答えました。

「そうか、そりゃあええのう。へんならワシもなにか買うちゃろう。なにがええか言《ゆ》うてみい」

うれしそうにそう言うと、お兄ちゃんはお菓子売場の方へ行って、マコたちを呼びます。

(はあ買うたからええよ)

(二百円分しか持っていけないから)

どう言おうか、マコとマリが顔を見合わせながら迷《まよ》っていると、

「おう、こりゃあうまそうじゃのお。これを買うちゃろう」

お兄ちゃんは、さっきまでみんなでほしがっていたクッキーの箱をふたつ持ってきました。

「これも包んじゃっておくれ」

古田のおばさまに渡すと、自分の買い物といっしょにお金を払ってしまいました。

マコとマリがびっくりしていると、お兄ちゃんはとっても急いでいるらしく、入口のアイスボックスからキャンディを三本取って、マコとマリに一本ずつ持たせると自分も口にくわえて、

「早よ帰れよ。修学旅行でしっかり見てこいよ」

と大声で言いながら、自転車にまたがって行ってしまいました。

とってもほしかったお菓子を買ってもらってうれしいけれど、明日の修学旅行には、一体どれ

とどれを持っていこうか、それとも、お兄ちゃんのクッキーは妹たちへのおみやげにして、みんなで家で食べようか……。マコは、また迷い始めました。

でもその前に、早く食べないと手の中のアイスキャンディが溶《と》けてしまいます。マコとマリは、まだお金を払っていたり、決まらないで迷っている子たちを残して、お店の外のベンチに座《すわ》ってキャンディを食べ始めました。

アコちゃんたちが、順にお店から出てきました。

「ねえ。さっきのお菓子も修学旅行に持って行ってのそ。へたら違反《いはん》よ」

「よその人に物を買うてもろうてじゃっても、ええそ?」

「学校の帰りにキャンディを食べてのそは、買い食いじゃからね。先生に言うよ」

「そのお菓子をどねえしてのそ。返しいね」

口々にふたりを責《せ》め始めました。

マコもマリも、修学旅行に二百円分以上のお菓子を持っていく気は、もちろんありません。だから、さっきから迷っているのです。それにお菓子やキャンディを買ってくれたのは、知らない人ではなくて、マコの親戚《しんせき》で、マリのおとなりのお兄ちゃんです。ふたりはなにも違反はしていません。

「どのお菓子を持っていくかは、考えてから決める」

「あの人は花《はな》の尾《お》の野中のお兄ちゃんで、よう知っちょる人じゃからね」

「キャンディも、お兄ちゃんにもろたそじゃからね」

マコとマリが、ボソボソと反論《はんろん》しました。

「あのおじさんはね、大酒飲みで、警察《けいさつ》につかまっちゃったことがある人よ」

誰かが言うと、

「ほんとー？」

五人が顔を見合わせてうなずき合います。

「うちのおじちゃんと同い年なそに、いまだにお嫁《よめ》さんも、子どももおってじゃあないそよ」

「どこかの後家《ごけ》さんと恋仲《こいなか》じゃから……」

そう言って、

「ふふふふ……」

と笑い合ったりします。

級長のアコちゃんが、

「そねえな人からもろうちゃったお菓子とか、キャンディとか、捨《す》てえね」

と言うと、みんなが口々に、

「捨てさん」

「捨てさん」

「食べたらうつるよ」

とはやすように言い始めました。

(三十五になってひとり者じゃろうとなかろうと、嫁さんの来てがあろうとなかろうと、誰と恋仲じゃろうとなかろうと、そんなことは子どものわたしたちには関係のないことじゃろう。野中のお兄ちゃんのことはうちがよう知っちょる)

マコはそう思いました。第一、「チョンガー」とか、「ゴケゴロシ」とか、「コイナカ」とか、子どもが口に出して言うのもはずかしいのに。級長のアコちゃんや、いつもやさしいチカちゃんまでが、いっしょになってこんなことを言うなんて、まったく信じられません。マコは、だんだん腹《はら》が立ってきました。

(お兄ちゃんのことを、なんにも知らんクセに!)

「野中のお兄ちゃんは、そねえな悪い人じゃないよ。結婚《けっこん》せんでも、自由じゃろうがね」

おとなしいマリちゃんが言います。

「知っちゃあないから、大人が言うての、悪口をそのまま聞いてのそよ」

花の尾村の人は、誰もそんなことは言いません。

野中のお兄ちゃんは、昔、六年生だったヤッ君が木から落ちて大ケガをしたとき、自分は病気で寝《ね》ていたのに、大きなヤッ君をおんぶして、自転車をこいで遠くの村の産婆《さんば》さんに連れていってくれたこともあります。村にフラフープがたったふたつしかなかったとき、みんなで遊べるように、一晩かけて竹をけずって、六つもフラフープを作ってくれたこともあります。運動会の練習をしていると必ずやって来て、早く走れるように、騎馬戦《きばせん》で落ちないように、教えてくれます。

「子どもにやさしい、ええ人よ」

マコとマリは、必死になってみんなに説明しました。

手に持ったキャンディが、トロトロ溶け出してゆきます。

「ハハハッ……ゴケゴロシのキャンディ」

誰かがマコの手を指さして、笑い出しました。

「捨てちゃえ、捨てちゃえ」

別の誰かが、キャンディを持つマコの手をはたきました。その拍子《ひょうし》に、キャンディはボトンと土に落ちて、グシャグシャにつぶれてしまいました。

「なしてねー」

マコは大声でどなると、その子になぐりかかりました。横に座っていたマリちゃんも立ち上がって、別の誰かに手を振《ふ》り上げています。

「なしてねー」

何人かわからない、誰だかわからない七人が、グシャグシャにもつれ合って、なぐったり、なぐられたりしました。

「まあまあ、なにごとかね。どねえしちゃったそかね」

店からおばさまが出てきて、みんなを分けました。

「そのお菓子は違反じゃからねー」

「買い食いしてじゃったて、先生に言うよー」

口々に叫《さけ》びながら、アコちゃんたちは、逃《に》げ出してしまいました。

「まあ、こっちにお入り」

おばさまはふたりの肩《かた》を抱《だ》いて店へ招き入れ、

「ここへおすわり」

とお店の人たちが休む部屋の框《かまち》にふたりをかけさせてくれました。

「ようこらえちゃったねえ。あんたたちは、ひとつも悪うないよ」

おばさまが、ぬらしたタオルを渡《わた》しながら言ってくれます。

「やさしいねえ。こねえに思われちょってじゃから、野中さんも、ふたりがかわゆうてしょうがないそじゃろうね。お菓子をおいしゅうにおあがりよ」

おばさまは髪《かみ》をとかしてくれました。


修学旅行のあいだも学校でも、アコちゃんたちもマコとマリも、誰もこの日のケンカのことはひと言も口にしませんでした。お菓子のことも、野中のお兄ちゃんのことも、忘れたふりをして、

それまで通りいっしょに遊んだり話したりします。あれだけマコとマリを、

「違反だ」

と責めたて、

「先生に言うよ」

と言っていたアコちゃんたちが、なにも言わないのが不思議で仕方ありませんでした。


何日もたってからのことです。

家に帰ると、古田のおばさまと母さまが、茶の間でおしゃべりをしていました。ふたりは子どものころからの仲良し同級生なのです。

(しまった。母さまにケンカがバレた)

マコは思いました。

案の定、マコの顔を見ると母さまが、ちょっと笑い顔で言いました。

「アコちゃんたちとケンカをしてじゃったげなね。なしてやら。お友だちとはケンカをしてじゃあないがええよ。仲良うにしちゃあないと」

(みんなとは仲良うに、仲良うに。ケンカはいけん、ケンカはいけん……。いつでもこうだ。母さまは、なんにもわかっちょってじゃあない。人間にはケンカをしてでも守る大事なものがあるそこに)

マコはひとりそう思いました。

「そねえ言うちゃってもねえ。マコちゃんたちは、せっかくの人の気持ちを、大事にしてじゃったそよね。仲良うしてよりも、そりゃあ痛《いと》うて、悲しうて、むずかしかったけど、やさしかったそよねえ」

古田のおばさまが、マコの方を向いて、うなずきながら言ってくれました。

(わかってくれちょっての人もおってじゃ)

そう思うと、マコはなんだか、あの日以来初めて晴々《はればれ》とした気持ちがして、マリちゃんと思いっきりおもしろい話をして、笑い合いたくなりました。

「マリちゃんと遊んでくる」

マコは、カバンを放り出すと、マリちゃんの家へかけ出しました。

コウちゃんが不良になった日

ノコが坂の崖《がけ》に座《すわ》っています。

角を曲がったとたん、正面の崖に座ったノコを見つけて、マコの胸《むね》はドキドキし始めました。

いつもそうです。ノコは、なにか大人に話したくないことや大急ぎで教えたいことがあるとき、どこへも遊びに行かないで、ひとりで坂に座って、マコを待ちます。

いい話のとき、ノコは足をブラブラさせて、歌を歌いながら待っているのに、今日はじーっと座って、下の道だけを見ています。マコが帰って来たことにも気づかないようです。

「なんね？」

坂の手前で声をかけると、ノコはびっくりしたように顔を上げました。そして、「シーッ！」と言うみたいに口に指を当てて立ち上がりました。

「コウちゃんが不良になっちゃったかもしれん」

ノコが訴《うった》えるような声で言います。

「えっ？」

マコには、なんのことかわかりません。

「なしてね？　なして不良ね？　誰《だれ》が言うちゃったそ？」

おこったような、責《せ》めるような声で、マコが次々と聞きます。

「今朝、ばあさまたちが話しちょっちゃった」

まっすぐマコを見上げるノコの目に、みるみる涙《なみだ》があふれてきました。

「学校へ行く前にマコに言いたかったけど、朝ご飯のときも、学校へ行くときも、いつでもみんながおってじゃから、よう言われんかった。学校でもずーっと心配で、ひとっつも勉強ができんかった」

大またにズンズンと坂を上るマコを追っかけながら、ノコが半泣き声で、言いわけのように話しつづけます。

今朝、ノコが目を覚ますと、となりの部屋から、昨日泊《とま》りに来ていたモヨばあさまとうちのばあさまの話す声が聞こえました。ふたりは、「コウちゃんは町の高校に通うようになってから、

不良になった」と言っていたというのです。

マコは、体中がカッカしてきて、胸がしめつけられるようで、なにかわけのわからないものでいっぱいになりました。そんな大事なことを、自分よりも小さい妹のノコが知ってしまって、誰にも言えないで、一日中ひとりで心配しつづけていたというのです。


コウちゃんは、花畑村へお嫁《よめ》に行ったモヨばあさまの孫で、いつでもニコニコしているひょうきん者です。とってもやさしくて、クッフッフッと笑うクセがあります。

マコがまだ一、二年生だったころ、コウちゃんは、何度も教室までマコのお勉強ぶりを見に来ました。マコの通知表が二と三ばっかりだと知ったコウちゃんが、大人自転車に三角乗りをして、勉強を教えにきたこともあります。

漢字ドリルの日、マコはいつも居残《いのこ》りです。するとコウちゃんは、早く終わった子に「今日の漢字」を聞いて、答えを大きな字で書いた石板を窓《まど》の外にかざして、見せてくれるのでした。

運動会の「来春新入生歓迎《かんげい》かけっこ」のとき、ドンの音にびっくりしたノコは、出遅《おく》れて立ち往生《おうじょう》してしまいました。すると歓迎の旗とごほうびを持ってゴールにいたコウちゃんは、ノコの係ではないのにかけよって、ノコの手をひいてゴールまで連れていってしまいました。

マコとノコにとってコウちゃんは、学校に行けば、いつでも、どんなことからもふたりを守ってくれる、強くて、やさしいお兄ちゃんでした。

マコもノコもそんなコウちゃんが大好きです。ふたりは、「大きくなったら、ふたりでコウちゃんのお嫁さんになる」と決めていました。

「よっし、田島の家までコウちゃんを見に行こう！」

上り框《かまち》にカバンを放り投げると、マコが宣言《せんげん》するように言いました。

学校から帰ったマコたちには、田や山で仕事をしている母さまたちが帰ってくる前にやっておく約束の仕事があります。日が傾《かたむ》く前に、庭に干《ほ》してある野菜や洗濯《せんたく》物を取りこむのも、水をくんで風呂《ふろ》を沸《わ》かすのも、ニワトリにエサをやって、牛のエサわらを切っておくのも、茶の間と内玄関《げんかん》の掃除《そうじ》をしておくのも、全部ふたりの毎日の仕事です。今から田島までコウちゃんを見に行ったら、とてもそれをする時間はないでしょう。でもマコは、上り框にカバンを置いたまま、仏《ほとけ》さまも拝《おが》まず、服も着替《きが》えずに、ノコの手を引っぱって坂を下りました。

近所で遊んでいた弟のケンを呼《よ》ぶと、ふたりはケンの手を引っぱるようにして、花畑村に向かってかけ出しました。

「どこへ行くぞ？」

ケンがきいても、マコはなにも答えません。おこったような顔で、ケンの手をもっと強く引っぱるだけです。

マコもノコも、一分でも、一秒でも早く、コウちゃんの顔を見たいのに、ちびのケンはちっとも速く走れません。おんぶをすると、こんどは重くて、マコの足がもつれて走れなくなります。

「よっし、ケンは置いていく！」

マコは大声で言うと、ケンを連れて引き返しました。

「ジロ君、ちょっとケンのお守りをしちょってや」

村の入口近くで、ジロ君を見かけたマコが呼びました。

六年生のジロ君は、ちょうど風呂焚《た》きや牛のエサ作りを始めるところでした。

「ええけど、どねえしちゃったそ」

「たのむねー」

マコはうしろ向きに手を振《ふ》りながら、大声で叫《さけ》ぶと、そのまま花畑村の方へかけてゆきます。

田島の家は学校の手前、マコの家から歩いて四十分くらいのところにあります。


小学校と中学校は同じ敷地《しきち》なので、コウちゃんが中学生のときは、マコもノコも毎日コウちゃんに会えました。学校の運動場で遊んでいるときや、中学校の花壇《かだん》の近くにいるとき、コウちゃんは中学校の窓から顔を出して、マコやノコに声をかけてくれたからです。中学校の休み時間になると、マコたちの教室をコッソリのぞいて、先生が気づかないうちにみんなを笑わせてくれたこともあります。

でも、コウちゃんが高校生になって、朝早い汽車で町の学校へ行くようになったので、もう二か月も会っていません。

ふたりは手をつないで、ドンドン走りました。

「コウちゃんは、なして不良になっちゃったぞ？」

ノコが聞きました。

「わからん！」

「不良になっちゃったら、ケンカをして殴《なぐ》られてかもしれんね」

「わからん！」

「タバコをすうて、バカになってかもしれん」

「うん」

マコの頭の中にも、次々と心配がわいてきます。

「お酒も飲んじゃったろうか？」

「悪い言葉を使うて、怖《おそ》ろしい人になっちゃったら、どねえする？」

ノコの声がふるえています。

「警察《けいさつ》につかまってかもしれん」

次々にわいてくる心配を言い合っていると、マコもとうとう目から涙があふれてきます。

「姉さま」

つないでいるノコの手が固くなって、ふるえているみたいです。

（ノコは今日一日中、学校でも、家へ帰ってからも、たったひとりでずーっと心配していたんだ）

そう思うと、マコはますます腹《はら》の底から涙があふれてくるような、体じゅうで泣きたい気持ちになります。

鼻をすりながらかけていたノコが、とうとう声を出して泣き始めました。マコはノコの手をもっと強く握《にぎ》りかえしました。

「ノコ」

そう言ったマコののどからも泣き声が出てきました。腹の中からこみあげてくる泣き声を、マコは止めることができません。


「まあ、おふたりでどねえしちゃったかね」

道端《みちばた》の家のおばさんが、びっくりした声でふたりを呼び止めます。マコはもっと強くノコの手を引っぱりました。いつもはちゃんとごあいさつをするのだけれど、今は誰とも話したくはありません。

「なにごとがあったそかね？」

おばさんは、いかにも心配そうな声でうしろから呼んでいます。

途中《とちゅう》の村を過《す》ぎて、貯木場※を過ぎて、ようやく田島の家が見えてくると、マコの気持ちはちょっとおちついてきました。かけ足のスピードを落としながら、

「うちらが泣いちょったら、おばさまたちが心配してかもしれんね」

まだしゃくり上げているノコの顔は真っ赤になって、涙と鼻汁《はなじる》でテカテカのまだらになっています。

「顔を洗うてから行こう」

ふたりは川原に降《お》りて、涙顔を洗って、ふつうのふりをして田島へ行くことにしました。

田島の家では、おばさまも、モヨばあさまも、家の近くで畑仕事や干し物の手入れをしていました。コウちゃんはまだ帰って来ていないようです。

こんな時間にふたりが来たので、おばさまたちはちょっと驚《おどろ》いたようでした。

「よう来ちゃったね」

と言われても、ふたりは「うん」と言うだけです。

「母さまのおつかいかね」

と聞かれても、

「なにごとかあったかね」

と聞かれても、

※貯木場……　木材を集積、保管する場所。

「ちょっと来ただけ」

と言うだけです。

マコはもっと小さいころ、おつかいに来たのに、なんのおつかいだったのかを忘《わす》れて、みんなを困《こま》らせたことが何度もありました。いつもはおしゃべりなふたりが、なにも話したがらないで、ブタ小屋やニワトリ小屋へ行ったり、裏《うら》の花壇を見に行ったりしているので、おばさまたちは、ふたりがおつかいの用事を忘れたのか、母さまたちにしかられて家出をしてきたのではないかと心配しているようです。


だんだん日が傾くのに、コウちゃんはなかなか帰ってきません。もしかしたら、不良になって夜遅くまで街で遊ぶのかもしれません。

コウちゃんは何時に帰ってくるのか、おばさまに聞きたいけれど、おばさまも知らないかもしれません。マコたちが不良になったコウちゃんを見にきたことがわかったら、おばさまはどんなにいやな気持ちになるだろう。そう思うとマコは、おばさまにはコウちゃんのことなんかなにも考えていないふりをしなくっちゃ、と思うのです。

「コウちゃんのことで来たって、おばさまに言うちゃあいけんよ。心配してじゃからね」

マコは、こっそりとノコに言いました。

「駅まで迎えに行ってみる？」

そう話したときです。

「高校生が通っちゃった！」

車道《くるまみち》の方を見ていたノコが、大声で叫びました。

上りの汽車が着いたのです。

車道がもっとよく見える庭の端まで行くと、何組目かの自転車の集団《しゅうだん》の中から、コウちゃんが田島への横道に入るのが見えました。

「よーお！　来ちょっちゃったそー」

コウちゃんは、遠くから、庭のふたりを見つけて、大急ぎで走ってきました。

「コウちゃーん！」

(ようやく会えた！)

ノコが走って行きます。

ピカピカのボタンがついた学生服に、白三本線の学生帽《がくせいぼう》をかぶったコウちゃんが、笑いながら近づいてきます。

「なにしに来ちゃったそ？」

コウちゃんに聞かれて、ふたりはちょっと顔を見合わせました。コウちゃんに会って言うことも、たずねることも、なにも考えていなかったのです。

マコには、コウちゃんはちっとも不良のようには見えません。前と同じように、やさしくてニニコニコしているコウちゃんの顔を見ると、なんだかホッとして、思わず涙がわいてきました。でも、本当に不良じゃないのだと、どうやってたしかめたらいいのでしょう。

「コウちゃんを見に来たぞよ」

ノコが大きな声で言いました。

（あっ、まずいよ）

とっさにマコがコウちゃんの方を見ると、

「うん。高校生になったからね」

コウちゃんは、クッフッフッ笑いの声で言いながら、自転車からピカピカ光る黒い革《かわ》かばんを降ろします。

マコとノコは、コウちゃんが手を洗って、かばんを自分の部屋に置いて、服を着替える様子を、ゾロゾロと後からついていって見ています。コウちゃんは、革かばんから厚《あつ》い教科書や大きなノートを出して、机《つくえ》の上に並《なら》べます。

「大きなノートじゃね」

ノコが言うと、コウちゃんは、

「高校生のノートじゃけど、『大学ノート』って言うぞよ」

と、おもしろそうにクッフッフッと笑います。

腕《うで》から、黒い皮ベルトの付いた時計をはずすと、

「みんなが合格祝《ごうかく》いに買《こ》うてくれちゃったそよ。ちょっとやってみるかね？」

と言いながら、マコの手にはめてくれました。

「クッフッフッ……　ひじの上までも上がるね」

と笑います。ノコの頭に白三本線の学生帽をのせて、

「クッフッフッ、似合《にあ》う似合う」

ととてもうれしそうです。

「万年筆も入学祝いにもろうたそよ」

筆箱から取り出した紺色《こんいろ》の万年筆で、紙にグシャグシャとラセンを描《えが》くと、

「やってみる？　やさしゅうに書いてじゃないといけんよ」

と順番に握らせて、いっしょにグシャグシャを描いてくれます。

「マコちゃんとノコちゃんが高校生になっちゃったら、今度は僕《ぼく》がお祝いに万年筆を買うてあげようか？」

とコウちゃんが聞きました。

「高いよ」

ノコが言うと、またコウちゃんはクッフッフッと笑いながら、

「ノコちゃんが高校生になったら、僕は大人になっちょるそよ。だいじょうぶ、だいじょうぶ」

とノコの頭をなぜます。

コウちゃんは、ちっともいつもと変わらない。やさしくって、うれしがりやのコウちゃんのままです。

(コウちゃんのどこが不良になっちゃったそじゃろうか)

マコは不思議でなりません。

コウちゃんがノコの腕に時計をはめて、

「ノコちゃんは時計が読めるようになっちゃったかね」

ときいているときです。

「早よう帰ってじゃあないと、日がくれるよ」

土間にいたおばさまが、声をかけました。

「よっし、僕が自転車で送っていってあげよう」

コウちゃんがふたりを促《うなが》しました。

マコとノコは、とってもうれしいけれど、ちょっと申し訳《わけ》ない気もします。それに、まだ、コウちゃんが不良になったのかどうか、わからないまんまです。

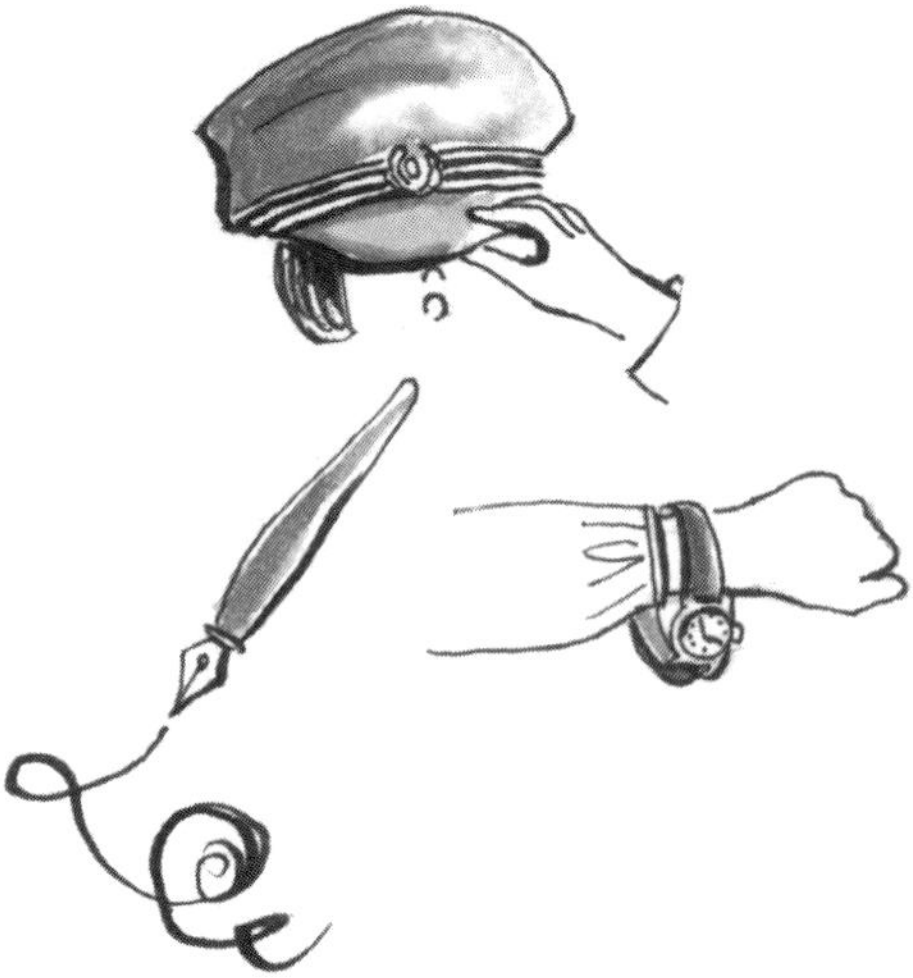

車道に出ると、コウちゃんは、ノコを自転車の荷台に乗せて、自転車を押《お》して歩き始めました。
「ケン坊《ぼう》はいっしょに来てじゃあなかったそ」
ケンや家の者たちのこと、マコたちの学校の様子やお友だちのことを聞きます。

そして、ひとつの学年に三百人もいて、いろいろなクラブ活動がある、花の木の中学校とは全然違《ちが》う高校の様子を話してくれます。コウちゃんは中学生のときは野球部でしたが、今はテニス部です。マコは、

（わたしも高校生になったらテニス部にしよう）

と決めました。汽車通学も、町の本屋さんも、図書館も、楽しそうです。コウちゃんは、ちっとも不良の話をしません。

マコは、

（コウちゃんは、まだ本物の不良じゃあないみたいだな）

という気がしてきました。もしかしたら、学校では悪い友だちといっしょに不良になるけれど、家に帰ったら元のコウちゃんになるのかもしれません。でもマコは、学校でもどこでも、コウちゃんが不良になるのは絶対《ぜったい》にいやです。どんなふうに「不良はやめてね」と言おうかと、ずーっと考えていました。

「コウちゃん、タバコを吸《す》うちゃった？」

いきなりノコが聞きました。

「うん？　吸わんよ」

コウちゃんが不思議そうな声で答えます。

（ノコは勇気があるなあ）

マコはびっくりしました。大急ぎで、

「コウちゃん、ケンカをしちゃったそ?」

と聞くと、

「せんよ。ふたりともどねえしちゃったそ?」

自転車を止めて立ち止まったコウちゃんが、のぞきこむようにマコの顔を見ました。

とうとうマコの目から、涙がポロポロあふれ出しました。ノコも泣き始めました。

「コウちゃん、不良になったらいやじゃからね」

「絶対ケンカをしちゃあいけんよ」

「タバコも吸うちゃあダメよ」

「お酒も飲んじゃあいけんよ」

ふたりは泣きながら次々に言います。

コウちゃんは、ふたりの頭をかわりばんこになぜながら、ちょっとだけクックックと笑うと
「なんねえ、ふたりとも、そねえなことを心配しちょっちゃったそかね」

と言って、今度はふたりの頭をポコンポコンとたたきました。

「心配せんでもええよ。高校生になっても、みんな不良になるわけじゃないよ。不良が来ても、僕は友だちにならんよ。誰ともケンカはせん、タバコも吸わん。絶対、不良にならんから」

そう言うとコウちゃんは、いつもより大きな声で、おかしそうに、クッフッフッフッと何度も

何度も笑いました。

（コウちゃんは不良じゃなかった）

マコは、急に体中の力が抜《ぬ》けて、体がフワーッと空へ舞《ま》い上がりそうな気がしました。

「うん。コウちゃんありがとう」

ノコがひとりで自転車から降りると、マコはノコを引っぱるようにしてかけ出しました。

「さようなら」

「さようなら」

びっくり顔で立ち止まっているコウちゃんを、何回もふり返りながら、ふたりはドンドン走りました。不良になったと思ったことも、こんなに心配したことも、そしてこんなに安心したことも、コウちゃんに知られるのは、とてもはずかしい気がしたからです。

貯木場の角を曲がると、家は一軒《けん》も見えなくなって、道は急に暗くなりました。貯木場の上には古い墓場《はかば》もあって、昼間でも、子どもだけで通るのはちょっとこわいところです。でも今、マコもノコもそんなことはすっかり忘れたみたいです。

マコが「クッフッフッフッ」とコウちゃん笑いをすると、ノコも「クッフッフッフッ」とコウちゃん笑いをします。そうしてふたりはかけながら顔を見合わせます。するとそのたびにまた、クッフッフッフッフッとコウちゃん笑いが腹の中からわいてくるのです。

田島へ行くとき、泣きながら走るふたりに声をかけてくれたおばさんの家の前で、マコはちょっと申しわけない気持ちになって、（さっきはごめんなさい）とつぶやきました。

川端村をすぎると、また家は一軒も見えなくなりました。

「花尾颪《はなおおろし》に鍛《きた》えたる　吾《わ》が花畑の若人《わこうど》よ〜」

フクロウが鳴く峠《とうげ》道に来ると、ふたりは大声で歌い始めました。それは、昨年の中学校の運動会で、応援《おうえん》団長だったコウちゃんが扇子《せんす》を持って音頭をとった「六分団《ろくぶんだん》応援歌」です。花の尾村への道をかけつづけるふたりの声が、すっかり暗くなったまわりの林にこだまして、マコには、フクロウも山の狸《たぬき》や狐《きつね》もいっしょに歌っているような気がします。

花の尾村にたどり着くと、村の人たちが大勢《おおぜい》でふたりを捜《さが》していました。誰も知らないあいだにふたりともいなくなって、夕方になっても帰ってこないので、山で迷《まよ》ったか、川に落ちた

のではないかと心配していたのです。

どこへ、なにしに行くのかも言わないで、弟をほったらかしていなくなり、みんなにとっても心配をかけたふたりは大目玉でした。ふたりは、なぜ田島まで行ったのか聞かれても、顔を見合わせて小さな声で「クッフッフッ」と笑い合うばかりなので、ますますおこられてしまいました。でも、マコもノコもへっちゃらです。心は踊《おど》り出しそうに幸せなのですから。

ふたりだけで村じゅうの家をまわって、「心配をかけてごめんなさい」とあやまらなければならないというのに、暗くて怖いヤブもある夜道を歩きながら、マコもノコも、ときどき立ち止まって「クッフッフッ」と笑いたくなる気持ちをとてもがまんできません。

あの日の朝、

「高校生になるときに初めて、自分は養子なのだと知ったコウちゃんが、ショックでグレたりしなければいいが」

とばあさまたちが心配しているのを聞いて、まだ〈小さな耳〉のノコは、てっきり
(コウちゃんは不良になったんだ)

と思ってしまったのです。

しばらくたってそのことがわかっても、マコは、ノコを責める気持ちにはなれませんでした。だってあの日、マコとノコはとっても心配したけれど、それ以上に、体が空に舞い上がるほどに

うれしかったのですから。

「お嫁さんになる人を連れていく」

何年かたって、コウちゃんから電話がきました。あれだけ「コウちゃんのお嫁さんになる」と言っていたのに、ノコは約束をすっかり忘れたみたいに大喜びで、ふたりの訪問《ほうもん》を待っていました。

(ノコはうらぎり者だな)

マコはその日、「友だちと約束がある」と言って、用もないのに町へ出かけてしまいました。

いっきょうさんのごあいさつ

夜明けが遅《おそ》い冬のあいだ、花《はな》の尾《お》村の子どもたちは登校のタイミングにちょっと頭を使います。村の子どもたちは、奥《おく》の家から順にさそい合って男、女、それぞれの集団《しゅうだん》になって登校します。でも冬が近づいてくると、妹のノコが、

「明日は、いっきょうさんが来ての日じゃからね」

とみんなに登校のグループ分けを指示《しじ》してまわります。

「サトちゃーん、ハナちゃーん、ヒナちゃーん、行くよー」

まだ暗いうちから廊下《ろうか》ふきと玄関《げんかん》掃《は》きの朝の仕事を大急ぎで片《かた》づけたノコが、一、二年生の友だちに大声で声をかけながら下の坂を下ります。一、二年生の四人が最初のグループに決まったからです。それというのも、今日はいっきょうさんが家に来る日なのです。

花の尾村の子どもたちみんなが学校の始業前にどれだけいっぱい遊べるかは、通学路を村に向かって登ってくるいっきょうさんとの朝のあいさつにかかっています。

いっきょうさんの本当の名前は京一さん。マコより少し大きいふたりの娘《むすめ》がいるとなり村のおじさんです。いっきょうさんは昔から、マコの家の田や山の仕事を手伝ってくれている「男《おとこ》衆《し》」です。じいさまが亡《な》くなってからは、日ごろ男手のないマコの家の田作りや山仕事を手伝うために一年のうち半分以上の日を通って来てくれます。

子どもたちにとって、いっきょうさんはまるで、マコの家族で花の尾の人のようです。子どもたちは誰《だれ》もが、やさしくて、子ども好きないっきょうさんが大好きでした。でも、冬の朝は誰もいっきょうさんに会いたがりません。

いっきょうさんは、お日さまといっしょに働き始める山の村の百《ひゃく》姓《しょう》だから、夏のあいだは、子どもたちの登校前にマコの家まで登って来るからいいのです。でも、日の出が遅くなってくると、いっきょうさんが家を出る時間と、子どもたちが学校へ向かって出発する時間がちょうどいっしょになって、一本道で出会ってしまいます。

それだけならどうってことはないはずです。元気に、「おはよう!」とあいさつすればいいだけです。でも、いっきょうさんの場合そうはいきません。

「ノーリコちゃん。オッハァヨー」

「ハーナコちゃん。オハヨーサン」

「サートコちゃん。オハヨーサン。カゼはようなっちゃったかねー」

いっきょうさんは小さい子から順にゆっくりと、リズムをつけて、ひとりひとりにていねいに呼《よ》びかけます。

とっても、とってもゆっくりと、ひとりずつにいっきょうさんが声をかけるあいだ、十数人の集団は、まるで通せんぼに合っているようです。ひとりずつテストに合格《ごうかく》しなければ通り抜《ぬ》けられないみたいに、道の真ん中に立ち止まって、自分の番を待っていなければなりません。早く通り抜けて、学校で遊びたいのに……。立ち止まっていると川風がピュウピュウ吹《ふ》いてきて、だんだん寒くなってくるのに……。子どもたちは足をトントン、バタバタさせて、体を揺《ゆ》すりながら、自分の番がくるのを待たなければなりません。

「マーッコちゃん……」

ようやくマコの番がきました。

「おじちゃん、おはよう！」

マコはいっきょうさんが呼び終わる前に叫《さけ》ぶように言ってしまうと、大急ぎでいっきょうさんの横を通り抜けて、前を行くノコたちを追いかけます。

みんなでいっきょうさんの長い長いごあいさつを聞いていて、遅刻《ちこく》しそうになったことだってあります。

子どもたちがこんなにあせってイライラしているのに、いっきょうさんはちっとも気が付きません。いつもとってもうれしそうにニコニコしているので、恨《うら》むわけにも、「やめてよ」と言うわけにもゆきません。子どもたちはみんな、いっきょうさんとの朝のごあいさつを、なんとか簡単《かんたん》に済《す》ませたくてたまりません。

村に向かって歩いて来るいっきょうさんが見えたとたんに、全員がいっきにかけ出して、すれ違《ちが》いざまに大声で「おじちゃーん、おはよーう」と走り抜けるなんてこともやってみました。

すると、子どもたちの方をふり返って、いつものようにひとりひとりの名前を呼んでは「オ・ハ・ヨ・ウ・サーン」と叫ぶいっきょうさんのごあいさつがいつまでも聞こえてきます。なんだかとっても悪いことをしてしまったような、申しわけない気持ちになってしまいます。

「おじちゃーん、またあしたー」

子どもたちは大声で叫び返して、学校の方へ走り出しました。


「おじちゃんが来ての日は、川向うの畔道《あぜみち》を通って行こうか」

誰かが言いだしました。でも、やっぱりいっきょうさんは、立ち止まって手を振《ふ》りながらひとりひとりの名前を叫んで、ゆっくりと「オハヨウサン」を言ってくれます。

「おじちゃんに付き合って、自分の番が来るのを待つしかないよ」

「夏のあいだみたいに、いっきょうさんとは道で出会わんようにしたらええぞよ」

「うん。いっきょうさんが家を出ての前に、いっきょうさんの家の前を通ってしもうたらええ」

「いっきょうさんはうちの男衆じゃからねえ」

ノコは、まるで「いっきょうさんのごあいさつ」の責任者《せきにんしゃ》のように、一生けんめいに考え込《こ》んでいます。

「明日はいっきょうさんが来ての日じゃから、早《はよ》うに学校に行こうやあ」

ノコがみんなをさそってみます。

でも、村の子どもたちはみんな、それぞれ朝の仕事を持っています。ニワトリや牛のエサをやったり、家の掃除《そうじ》や朝食の片づけが仕事の子もいます。そういつもいつも早く出かけるわけにはゆきません。

「ねえ、いっきょうさんと会うたときに十二人がみんないっしょじゃなかったら、ごあいさつがもっと早うに終わるよね」

次にノコが考え出したのは、三、四人ずつで登校する方法でした。いっきょうさんとすれ違うときに十二人だと、みんなが終わるまでとっても長いあいだ待たなければいけません。でも、三、四人ずつだったら待ち時間はもっと短くなるというのです。

「うん。ええかもしれんね」

ノコが前の日に、みんなの朝の予定を聞いて、登校の順番を決めておきます。

「ハナちゃんとヒナちゃんとうちは、縁《えん》ふきだけじゃから一番目に行く」

「マユちゃんは走るそが速いから、最後に出て、すぐみんなに追いついてね」

「姉さまたちは二番目。一年生といっしょに行ってよ」

誰も文句《もんく》を言いません。「さみだれ登校」というのだと誰かが教えてくれました。


子どもたちがそろって登校するときには、誰かが病気で休んだりすると、

「今日はミキちゃんはどねえしてじゃったかね。病気かね」

といっきょうさんはすぐに気が付きます。でも、さみだれ登校をするようになると、

「みんなどねえしてじゃったそかね。なしてお友だちといっしょじゃあないそかね」

と言って、いっきょうさんはちょっと困《こま》った顔をして、いつもよりうーんとていねいに、やさしく、ひとりひとりに呼びかけてくれます。子どもたちがケンカでもしてしまったのではないかと心配してくれているようです。待ち時間はやっぱり長くなります。

いっきょうさんのごあいさつをどうのがれるのか、冬のあいだじゅう、子どもたちは頭を悩《なや》ませつづけるのでした。


「ノーリコちゃん。今日はなんの漢字を習うてじゃったかね？」

上り框《かまち》に腰《こし》をかけて、コップ酒を飲みながらいっきょうさんが聞きます。

日が暮《く》れて大人たちが田や山から戻《もど》ってくる前に、お風呂《ふろ》を沸《わ》かして、ご飯を炊《た》いて、おかずの下ごしらえをして、板の間のふき掃除をして、洗濯《せんたく》物をたたんで、ニワトリと牛にエサをやっ

て……。マコとノコがとっても忙《いそが》しく手伝いをしているときです。

マコは、(早うにお酒を飲んでしもうてならええそに)と思いながら、いっきょうさんの座《すわ》っている框の前を何度も行ったり来たりして、お酒のつまみの減《へ》り具合をチェックします。

いっきょうさんは鳥目《とりめ》です。暗くなると目が見えなくなってしまうので、日が落ちる前に家に帰りつかなければなりません。だからいっきょうさんは、まだ他の人たちが田や山で仕事をしている夕方早くに仕事を切り上げて、夕方の手伝いをしているマコやノコを相手に、上り框で「おつかれさま」の晩酌《ばんしゃく》をするのです。いっきょうさんは、お酒を飲みながらマコやノコに学校の様子やお友だちのことをたずねるのが、いかにも楽しそうです。

「今日はね、『頭』と『強い』と『道』」

ノコが答えます。

ノコは学校から帰ってきてひとりで宿題をやってしまうと、母さまが土間の黒板に書いておいたふたりへの伝言の「のり子へ」の文字を消して、そのあとに今日習った新しい漢字を書いておきます。だからいっきょうさんは、いつもノコに漢字のことを聞くのです。

「ノコちゃん。そりゃあなんのお話に出てくるそかね」

「イソップ物語。オオカミが出てくるそよ」

「オオカミの話かね。そりゃあ恐《おそ》ろしかろう」

マコはイライラしてきます。いっきょうさんがこれ以上ゆっくりしてノコの話を聞き始めたら、すぐに日が暮れてひとりでは帰れなくなってしまいます。そんなとき、となり村までいっきょうさんを送っていくのはマコの役目です。

「ノコ、鶏《とり》小屋の戸を閉《し》めてきて。早う閉めんと、すぐに暗うなってニワトリが寒がるよ」

マコはいっきょうさんに、もうすぐ日が暮れることに気付いてもらいたくて、ノコを追い立てます。

「今日は本当にうれしい、ええ日じゃった。マッコちゃんありがとうねー」

日の傾《かたむ》いた車道《くるまみち》をマコと手をつないで歩きながら、いっきょうさんは何回も何回も「ありがとうねえ」「ええ日じゃった」と言います。

マコはいっきょうさんにいろいろなことを聞きます。山や田の仕事のこと、いっきょうさんの娘のヨリちゃんやヒロちゃんのこと、亡くなったマコのじいさまのこと。

このごろマコが夕方のエサやりをするようになった、牛の扱《あつか》い方も教えてくれます。

「毎日エサをやって、ようお世話をしてやってじゃったら、牛はマッコちゃんを『お母さんのようじゃあ』と思うよ。安心しきって、なんでもマッコちゃんの言うことを聞くようになるからね。やさしゅうにしてやってがええよ。

こんど川へ連れていくときにゃあ、マッコちゃんに手綱《たづな》を持たしてあげよう」

「ほんと！　うちもリヤカーを引かしたり、鋤《すき》を引かしたりできるようになるかね？」

「もっと背《せ》が大きゅうになっちゃって、大人になってじゃったらできようでね。女の人でも上手に牛を使うての人は、なんぼでもおってじゃから。今から牛と仲良うにしてがええよ」

「おじちゃん、右側に水たまりがあるよ」

手をつないだいっきょうさんは、いつもよりもっとゆっくりと一歩一歩歩きます。

「あっ！　またフクロウが鳴き出した！」

峠《とうげ》の登り口では、夕方になるとフクロウが鳴きます。

「フクロウはね、何十年でも何百年でも家を変えんそよ。お嫁《よめ》さんと、子どもと、仲良うに、いつまでもいつまでも同じ家におだやかに暮らしちょるからね。峠《たお》のフクロウは、おじちゃんがこまいころから同じ声で鳴いちょる。ありゃあね、『今日はええ日じゃったかね。みんな仲良うにしてじゃったかね』ちゅうて、お母さんフクロウが子どもらあに聞いちょる声じゃろう」

いっきょうさんは、みんなが知らない山や川の生き物のことをとってもよく知っています。

「どこで習うちゃったそ？」

「マッコちゃんたちのおじいさまといっしょに、山やら田やらで仕事をするときに教えてもろおた。おじいさまは、花の木の里に生きちょるもののことじゃったら、なんでもよう知っておいでてじゃったからね」

「ヨリちゃーん！　お父ちゃんが帰ってきちゃったよー」

いっきょうさんの家が見え始めると、マコは大声で叫びます。
おばちゃんと娘のヨリちゃんとユウちゃんも庭先に出て来て、「まあまあ、ありがとね。ちょっとおあがり」とマコを呼びます。でもマコはけっして車道から家へ行く小道には入りません。まっ暗になる前に帰りたいのです。

「マッコちゃん。ありがとーねー」

いっきょうさんはつないでいたマコの手を両手で握《にぎ》ると、「おいしい晩ご飯をいっぱい食べて、楽しい夢《ゆめ》を見て、ぐっすりお休みよ。明日になったら、また元気に起きて気持ちのええ楽しい一日をおすごしよ」「おかげで今日はとってもええことのあったうれしい日じゃった。ありがとね」「ありがとね」と何度も何度も言います。

マコは、いっきょうさんを連れにきたヨリちゃんとも話したいのです。それになによりも暗くなり切ってしまう前に大急ぎで帰りたいのです。送ってくるときは、いっきょうさんとふたりで話しながら来たから暗い道もちっとも怖《こわ》くありませんでした。でも、帰り道はひとりです。峠口ではまたフクロウが鳴いているでしょう。いっきょうさんから「フクロウのやさしいお母さんが子どもたちにええ日じゃったかとやさしゅうに聞いちょる声じゃ」と聞いても、やっぱり暗い夜道でフクロウの声をひとりで聞くのはとっても寂しいのです。

「おじちゃん、また明日ね。ヨリちゃん、さいなら」

つないでいたいっきょうさんの手をヨリちゃんに渡《わた》すと、マコは大急ぎで走り始めます。後ろ

でヨリちゃんが、

「ありがとうねー。気をつけて帰ってねー」

と言ってくれています。

「ありがとね。また明日ね」

いっきょうさんの声もします。

「さいならー」

マコは走りながら大声で答えます。ふたりの声はマコが大曲をまがってしまうまで同じところから聞こえてきます。

「さいならー、また明日ー」

マコは振り向いてもう一度大声でいいました。


ヨリちゃんは、中学校を卒業するとすぐ町へ行って、観光バスのガイドさんになりました。

「うちは大きゅうになったらバスのガイドさんになる」

修学旅行《しゅうがくりょこう》から帰ってきたノコが、大いばりで宣言《せんげん》しました。

「看護婦《かんごふ》はやめた。ヨリちゃんみたいなバスガイドに決めた」

その日修学旅行に行ったノコたちのクラスのバスガイドさんはヨリちゃんでした。ヨリちゃんは「花の木小学校のみんなのガイドをやれてとってもうれしい」と言って、みんなにとっても親切にしてくれました。ピシッとした青いスーツを着たガイドのヨリちゃんは、歌もお話もとっても上手で、今までノコたちが会ったどのガイドさんよりもステキでした。ノコはそんなステキなガイドのヨリちゃんが、ノコの「親類みたいなもん」だから大いばりだったのです。

次の日、ノコは晩酌をしているいっきょうさんのとなりに座って、修学旅行のお話を聞かせました。

「へてからね、松下村塾《しょうかそんじゅく》に行ったそよ。こまーい馬小屋みたいな家じゃけどね。ガイドのヨリちゃんが『みなさん、吉田松陰《よしだしょういん》※先生は生徒さんやお友だちといっしょにお国のこと、世界のことを考えて、一生けんめいお勉強をなさいました』ちゅうてじゃってね……」

ガイドのヨリちゃんの口まねをしながらノコが話します。いっきょうさんはお酒の入ったコップを持ったまま、飲むのも忘《わす》れてノコの話にうなずいています。本当にうれしそうです。ノコは、マコといっしょにいっきょうさんを送って行くことにしました。おばちゃんとユウちゃんにも、ヨリちゃんがガイドさんをしてくれたときの話を聞かせてあげたいのです。「今日は遅いから、こんどにしてがええ」とばあさまたちが止めても聞きません。

いっきょうさんの家の縁側《えんがわ》に座り込んだノコの話はいつまでも終わりません。あたりはすっかり暗くなってしまいました。でも、マコもノコもへっちゃらです。おじちゃんもおばちゃんもユウちゃんもこんなに楽しそうなのですから。

ようやく「さようなら」を言うと、ふたりは懐中電灯《かいちゅう》をタクトのように振って、ガイドのヨリちゃんからバスの中で習った「萩《はぎ》の殿《との》さま」を大声で歌いながら帰りました。フクロウの声も今日は聞こえません。

母さまは先生に手紙でお願いして、ガイド姿《すがた》のヨリちゃんのとなりにガイドの旗を持ったノコが立っている修学旅行の集合写真を、もう一枚《まい》作ってもらいました。

「これはおじちゃんかた用よ」

とノコが写真を渡したときのいっきょうさんのうれしそうな顔を、マコもノコもいつまでも忘れないでしょう。

やがて、ヨリちゃんは大きな問屋さんの「総領《そうりょう》息子に見そめられ」お嫁に行くことになりました。近所のおばさんたちは、「気立てのええベッピンさんじゃから、ええお嫁さんになってじゃろう」とか「なんとまあ、玉の輿《こし》ちゃあ、このことじゃねえ」と言います。

「これのおじさん（マコのじいさま）が、いつでも『順子《ヨリコ》には天下一品の婿《むこ》を見つけちゃるでよ。順子の嫁入りはワシが連れていっちゃるでよ』と言うておいでであリましたから」といういっきょうさんとおばちゃんのたってのたのみで、ヨリちゃんのお嫁入りはマコのばあさまと父さまが連

※吉田松陰……　長州藩（今の山口県）の武士。松下村塾を開き、のちの明治維新で重要な働きをする多くの若者に影響を与えた。

れていくことになりました。

結婚式《けっこんしき》の日取りも決まったある日、いっきょうさんとおばちゃんが父さまに相談に来ました。

「結婚式で『花嫁の父のごあいさつ』ちゅうもんをせんにゃあなりませんが、どねえしたもんでしょうか」

貧乏《びんぼう》な家で育って、学校も尋常《じんじょう》小学校までしか行っていない、花の木の里から出たことも、外で勤《つと》めたこともないいっきょうさんは、今まで人前で話をしたことなんかありません。望まれて立派《りっぱ》な家にもらわれていく娘の晴れの日に、人に笑われるような情《なさ》けないあいさつをするわけにはいかないから、ぜひ父さまに「ごあいさつを作ってもらいたい」と言うのです。

「そりゃあ私《わたし》にもむずかしいがね。どねえしたもんか」

と尻込《しりご》みする父さまに、

「幸恵《さちえ》ちゃんの婚礼のときには、とってもええ話をしてじゃったちゅうてみんなが感心しておってじゃった。作ってあげてがえかろう」

ばあさまが言います。

花嫁の父のごあいさつは、父さまがいっきょうさんの気持ちを聞きながらいっしょに原稿《げんこう》を作って、それをいっきょうさんが覚えることになりました。

何日かすると「ごあいさつ」ができました。

「おじちゃん、ごあいさつを覚えてじゃったかね」

「うちらあは婚礼に行かれんそじゃから、覚えちゃったら聞かしておくれね」

マコやノコが毎日楽しみにしているのに、いっきょうさんはいっこうに「ひとつ聞かしてみちゃげよう」と言ってくれません。

「なかなか覚えられません。むずかしいもんじゃね。先生でも、選挙の議員さんでも、ようあねえな長い話を人の前でできるもんじゃね。弱った弱った」と言うばかりです。

いよいよ婚礼の日が近づくと、いっきょうさんもごあいさつをしっかりと覚えました。おばちゃんといっしょにやって来たいっきょうさんが、おこたを囲んだばあさまと母さま、マコたちととなりのおばあさまの前でごあいさつの予行練習をします。

「順子の父でございます……」

その声も話し方も、いつものやさしいゆっくりしたいっきょうさんのそれのようではありません。短いお話だけど、まるで学校の講堂《こうどう》で立派なお話をするえらい来賓《らいひん》のようです。マコもノコもびっくりしました。ごあいさつが終わっていっきょうさんがていねいにおじぎをすると、パチパチパチパチ、みんなが手をたたきました。

「こりゃあ立派なごあいさつじゃね」

おとなりのおばあさまです。

「おじちゃん上手じゃね」

「ええあいさつができてじゃ」

みんなが口々にいっきょうさんをほめています。


「ねえ、ヨリちゃんはきれいじゃった？　どねえな花嫁衣裳《いしょう》じゃったそ？」

「おじちゃんのごあいさつは、このあいだみたいに上手にできちゃった？」

いっぱいの引き出物をかかえて帰ってきた父さまとばあさまに、マコもノコも次々と聞きます。

「そりゃあきれいな花嫁じゃったよ。お婿さんもおうちの人たちも、みんなやさしそうなええ人たちじゃあ。本当にええ婚礼じゃった。おじちゃんもおばちゃんも、なんにも引けを取ってのこたあない。そりゃあ立派なもんじゃった。

おじちゃんのあいさつは、今までどこの婚礼でも聞いたことのない、立派なあいさつじゃった」

ばあさまがみんなに話してくれました。


いっきょうさんは、ごあいさつで始めのひと言ふた言を言ったあと、その次を忘れてしまいました。そして、ちょっとだまって、ゆっくりと座り直し、お婿さんとご両親の方に向くと、練習したのとは違う話を始めたのです。

「この通りフツツカな娘であります。私どもは貧乏で、この子を上の学校にも上げてやれませんでした。女の子らしい服も、子どもらしいオモチャもよう買うてはやりませんでした。体の弱い母親を助けて、こまいころから家の手伝いばっかりさせて、遊ぶことも勉強することも思うようにはようせずに育ちました。

へじゃが、私たちはこの子を私たちなりに一生けんめいに大事に大事に育ててきました。やさしい、素直《すなお》な、よう仕事をする、ええ娘に育ってくれたと思うちょります。私たちには大事な、立派な娘であります。嫁にやる子に教えるべきことをなんにも教えてはやれませんでした。さぞかし物を知らん、気が利《き》かん、足らんことだらけの娘でありましょうが、どうぞそのときは、この子が悪いそじゃあありません。この子の親がよう教えてやらんかったことでありますから、どうかなんでも言うてやって、教えてやってくださいませ。私たちがよう教えてやらんかったことを教えてやって、どうかこの子を一人前の嫁に育ててやってくださいませ」

そんなことをいつものいっきょうさんのゆったりしたしゃべり方で話すと、深々と頭を下げたのだそうです。

「立派な言葉はなにも言うてじゃあない。へじゃけど、おじちゃんの父親としてのやさしい立派な気持ちは、その場におった誰にもようわかる、気持ちのやさしいおじちゃんの心のまんまのまっすぐな、ええあいさつじゃった。あねえなええごあいさつは、誰にもできてじゃあああるまあ。みんな涙《なみだ》を浮《う》かべて聞いておいでた。ヨリちゃんもこれからは新しいおうちの人にようかわいがってもろうて、ええお嫁さんになってじゃろう」

涙を浮かべながら話してくれるばあさまの横で、母さまも手ぬぐいでまぶたをぬぐっていました。

四つ身の花嫁衣装

生えそろった稲《いね》が、初夏の風になびき始めたころ。

マコは中学二年生でした。

「ただいま」

学校から帰ってくると、家にはお客さまのようです。近所のおばさんたちや親戚なら居間《いま》で話すのに、そのお客さまは表の仏間《ぶつま》でばあさまと話しています。

「おかえり。ちょっとおいで」

ばあさまに呼《よ》ばれてあいさつに行くと、お客さまは花畑村の吉田《よしだ》先生の奥さんでした。

「吉田のおばさまが、マコとマリちゃんに聞きたいことがおありじゃそうじゃから、ちょっとマリちゃんを呼んでおいで」

同級生で仲良しのマリとは、今別れたばかりです。

マコはセーラー服のまま、大急ぎでマリの家へかけ出しました。マリもまだ服を着替《きが》えないで、庭で弟たちと話していました。

「マリちゃん、ちょっと家へ来てくれって。吉田先生の奥さんがわたしたちに聞きたいことがあるちゅうて待っちょってじゃから」

「吉田先生の奥さんが？　なんじゃろうかいね」

「わからん」

「うちらあにきくことがあったら、学校の帰りにきいてならええそにね。なして家まで来てじゃったそかねえ」

マリを連れていくと、ばあさまはふたりを客間に座《すわ》らせました。そして聞きます。

「あなたたちは、一昨年《おととし》の暮《く》れに死んでじゃった吉田さんのおばあちゃんを知っておってかね」

吉田の家は、学校の近く、通学路に面したところにあります。六十歳《さい》くらいの書道の先生夫妻《ふさい》と、おばあちゃんの三人暮らしでした。おばあちゃんは、八十歳をとうに超《こ》えていると思われました。体が小さく縮《ちぢ》んで、腰《こし》が直角に曲がって、いつも杖《つえ》をついて歩いていましたが、とっても元気そうでした。でも、おばあちゃんは「モウロクしている」という評判《ひょうばん》でした。

先生が町の学校へ行って、奥さんが田や山の仕事に出かけている昼間、おばあちゃんはいつもひとりで留守番《るすばん》をしていました。そのあいだ、おばあちゃんは、ひとりで出かけることも、家の中で家事をすることも止められているようでした。おうちの人も村の人も前の道を通る人も、誰もあいさつ以上の話し相手になってくれません。おばあちゃんは、いつもとても寂《さび》しそうで、つまらなそうでした。

晴れた日、登下校の時間になると、おばあちゃんはいつも、ボタンやシャクヤク、菊《きく》やダリアがいっぱいに咲《さ》いている花壇《かだん》を背《せ》に、門の近くの石垣《いしがき》にチョコンと座っていました。前の道を行く子どもたちが「おはようございます」とか「さようなら」と声をかけるたびに、「ああ、ああ」というふうに頭を下げて答えてくれます。ときには手を振《ふ》ってくれることもありました。

ときどきは庭の草とりをしたり、むしろに干《ほ》した豆を選《よ》ったりしている日もありましたが、お天気の日には、子どもたちを見送るのがおばあちゃんの大事な仕事のようでした。

だから、吉田の前を通って学校に行く子なら、誰だって吉田のおばあちゃんのことは知っていました。


「知っちょるよ」

「はい」

ふたりが口々に答えると、奥さんは横に置いてあった青い風呂敷《ふろしき》包みを開けて、二枚《まい》のタトウ※を取り出しました。そして、それを開くとふたりの前に押《お》しやるようにして聞きます。

「あなたたちは、この着物に見覚えがおありかね」

※タトウ……着物を包む紙。

白地に大小の花をあしらった美しい着物です。マコもマリも、なんのことかてんでわからなくて、ふたりで顔を見合わせて頭をひねるだけです。

奥さんは、大事そうに二枚の着物を取り出すと、ヒザの上に並《なら》べて広げます。と、金糸で縫《ぬ》いこまれた大きなユリの花が、裾模様《すそもよう》にはっきりと見えました。

「あっ！」

「そう、思い出した！」

マコとマリは、互《たが》いに顔を見合わせると、同時に叫《さけ》んでいました。

「おばあちゃんの花嫁衣装《はなよめいしょう》！」

あれは、マコとマリが五年生になって、家庭科でお裁縫《さいほう》を習い始めたころのことです。

ある日、学校帰りのふたりはおばあちゃんから、

「あなたたちはもうお針《はり》を習うてかね」

とたずねられました。ふたりはそれまでにもときどき石垣に座って、おばあちゃんと学校のことやおばあちゃんが子どものころのことをお話しすることがあったのです。だから、おばあちゃんはマコたちがお針箱を持って通うようになったことに気がついたのでしょう。

「このごろは、なにを習うておいでかね」

マコとマリが宿題でやった運針《うんしん》を出して見せました。

「お針はね、縫う人のそのときどきの気持ちが全部縫い目に出るからね。お針を持ったら心を静かにして、これを着たり使うたりする人のことをいとおしゅうに思いながら、やさしゅうに、やさしゅうに、ひと針ひと針縫うてがええよ。上手に縫おうとか、早う終わろうとか思うてじゃあのうても、心をこめて縫うてなら、だんだん上手に、早うに縫えるようになってじゃからね。布《きれ》をピンと張《は》って、背中をピンと伸《の》ばして、心をピンと澄《す》まして、精進《しょうじん》してがええよ。おふたりとも上手になってじゃろう」

そう言いながらおばあちゃんは、ふたりの運針布を何回も何回もしごいて、ていねいにたたんで返してくれました。

次の日から、おばあちゃんは、毎日ふたつかみっつの大きな糸玉と、二、三十本ほどのお針を持って、ふたりを待っているようになりました。糸の色も、種類も、お針の大きさも、日によって違《ちが》います。おばあちゃんは、

「私はもう目が遠いからの、よう針の孔《めど》に糸を通しきらんから、明日までの分をこれに通しておいてくれ」

とふたりにそれぞれの糸玉と針を渡《わた》します。ふた

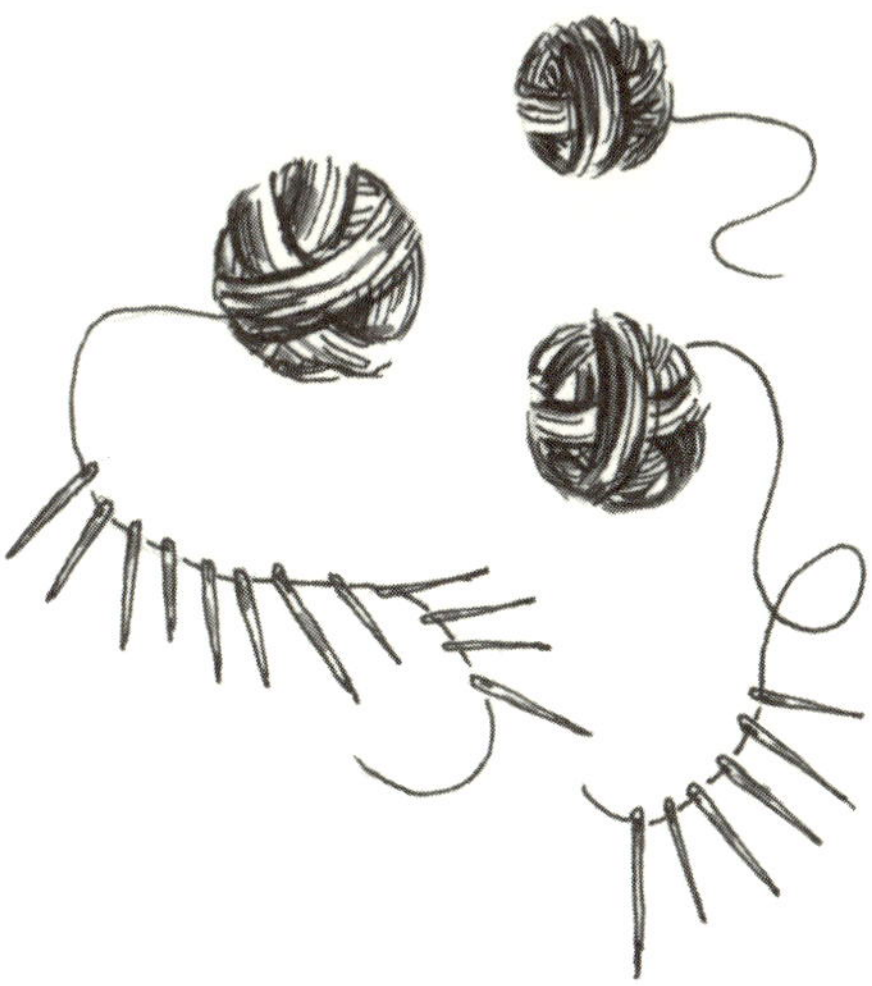

りがそれぞれの糸玉に十本も二十本ものお針をつないで渡すと、おばあちゃんは大喜びで、

「やれ助かった。ああ、ありがたい。ありがたい」

と言いながら、小さな木箱の中に何本もの針がついた糸玉をひとつずつしまって、着物の袖に入れました。

そんな日に、おばあちゃんが、最中《もなか》やおまんじゅうを持ってきて「おあがり」と言うこともありました。

「ありがとう。でも学校の帰りじゃからもらわれません」

「それじゃあ持って帰って、おうちでおあがり。ご兄弟は何人かね」

と、三人姉弟《きょうだい》のマコとマリに、三つずつお菓子《かし》を持たせてくれます。

「でも、おうちの人にはね、これを私からもろうたて言うちゃあいけんよ」

そうおばあちゃんに言われて、ふたりは困《こま》ってしまうのでした。

「吉田のおばあちゃんはモウロクしておいでるから」

みんながそう言っていることを、マコもマリもよく知っていました。でも、ふたりといるときのおばあちゃんは、いつもみんなのことをいっぱい考えている働き者のおばあちゃんでした。

春や秋、百姓《ひゃくしょう》仕事の忙《いそが》しい時季に、おばあちゃんはよくふたりを呼び止めました。

「井戸《いど》の水桶《みずおけ》を降《お》ろしておくれ。若《わか》い者がみんな田へ出ちょるからの、戻《もど》って来る前に、風呂水を汲《く》んでおいてやろうと思うて」

そう言いながらふたりを門の近くの井戸端《いどばた》へ連れていきます。水桶は、おばあちゃんの手の届《とど》かない高いところに置いてありました。

ふたりを台所へ連れていって、

「包丁を探《さが》しておくれ。晩《ばん》ご飯の支度《したく》をしておいてやりたいからの」

と言うこともありました。

「風呂を焚《た》いておいてやりたいから、マッチを探しておくれ」

とたのまれたこともあります。

探すと、包丁もマッチも全部高い棚《たな》の上にあります。

家の人みんなが留守のあいだに、モウロクしたおばあちゃんが、けがをしたり井戸に落ちたり火を出したりしないように、わざわざおばあちゃんの手の届かないところに置いたり隠《かく》したりしているのだとマコたちにはわかります。ふたりは一生けんめいに探すふりをして、

「おばあちゃん。見つからないねえ」

とか、

「私たちにも手が届かないよ」

と言って、いっしょに残念がってみせました。

あるときマコは、

「おとなりの中学生のお兄ちゃんにたのんで、水汲みも風呂焚きも手伝うてもろうてじゃったらえか

ろう」

と言ってみました。するとおばあちゃんは、

「いいえ。となり近所はみいんな若い者の味方じゃからの、私のたのみを聞いてくれる者はひとりもおらん。あんたたちだけはやさしい、ええお子じゃ」

と言うのでした。

マコたちとおばあちゃんのおつきあいは、まわりの人たちにはひみつにしなければならないことのようでした。

「こっちへおいで。見せてあげよう」

ときどきおばあちゃんは、マコとマリをおばあちゃんの部屋の縁側《えんがわ》に連れていきました。そうして、お嫁入りのときに持ってきた美しい着物や小物、古い姉さま人形をタンスの中や押入れの行李《こうり》※の中から取り出して見せてくれました。

そんなとき、おばあちゃんは「私のお父《と》さんはのー」とか「私の兄《あに》さまはのー」と言って、おばあちゃんの大好きな人たちの話をしてくれるのでした。

小学校を出るとすぐに町の女学校に入ったおばあちゃんは、生まれて初めて親元を離《はな》れて寄宿舎《きしゅくしゃ》から通うことになりました。おうちが恋《こい》しくて、寂《さび》しくて、毎日夕方になると泣いて暮らしていたある日、おばあちゃんは門の陰《かげ》からそーっと中をのぞいているお父さまを見つけたそう

です。

「親の愛情《あいじょう》を思うての。それからは、寂しいとか帰りたいとか思わずに、勉強に精《せい》を出すようになりましたよ」

と話してくれました。

戦争に行って亡《な》くなった、おばあちゃんのお兄さまのことも教えてくれました。

「それはそれはりりしい、美しい男前で、お勉強でも体操《たいそう》でも一番の、やさしい兄さまじゃった」

そんな大事な、大好きなお兄さまも、おばあちゃんの次男坊《ぼう》も、ご近所の若者や働き盛《ざか》りの父親たちも、大勢《おおぜい》の人たちが戦争で死んでしまったのです。

「戦争はいけませんよ。私たちの側《がわ》の者ばっかりじゃあない。相手の方も何千人も何万人も、みんな殺し合うてしもうて。兵隊さんばっかりじゃありませんよ。町場じゃあいっぱいの家が焼かれて、子どもも、女の人も、年よりも、弾《たま》に当たったり、火に追われて焼け死んだりしてしもうてじゃった。みーんな帰ってこん。

戦争はいけませんよ。あなたたちが大きゅうなっちゃったら、どねえなことがあっても、戦争だけはしてじゃあないがええ。人と争うちゃあいけん。欲《よく》を出して取り合うたり、ねたみ合うてじゃあいけん。人間同士、よう話し合うて、なんでも分け合うて、仲ように暮らしてが一番かし

※行李……　柳や竹で編んだ、衣類などをしまう入れ物

こい」

おばあちゃんは、戦争で亡くなったお兄さまたちや戦争のころの話をするときは、いつもマコたちの顔をじーっとのぞき込《こ》むようにして、ゆっくりと話すのでした。


おばあちゃんが話してくれたことが、次々と思い出されます。今、マコとマリの前にあるこの着物は、おばあちゃんがお嫁入りのときに着てきた花嫁衣裳《いしょう》です。

「お母《か》さんがの、丸惣呉服店《まるそうごふく》にたのんで、わざわざ京都から取り寄せてもろうてじゃった。それはそれは絢爛《けんらん》な花嫁御寮《ごりょう》じゃった。こねえな美しい着物を着た者は、この近在《きんざい》にはおいでんじゃろう」

おばあちゃんは、着物を何度も何度もなぜながら、そう話してくれました。

この着物はおばあちゃんの一番の宝物《たからもの》でした。その大切な花嫁衣裳が、今はふたつになってここにあります。

マコとマリは、着物を見せてもらったときのことを、奥《おく》さんとばあさまに話します。おばあちゃんが「それはそれは美しい花嫁御寮じゃった」と言われたことも、「私の大事な大事な着物ですよ。お父さんの思いも、お母《か》さんの思いも、兄《あに》さまの気持ちも、みいんなこの着物になって、そりゃあ美しいことじゃった」と言われたことも。そして、「これをのう、見せてもろうたちゅうて、誰にも言うてじゃあないよ。これはないしょじゃからの」と言われたことも。

おばあちゃんが亡くなったのは、花の木の里にその冬初めての大雪が降り積もった秋の終わりでした。

おばあちゃんは、わらぞうりにモンペをはいて、手鍬《てぐわ》を持って、稲田の水廻《まわ》りに行くかっこうのまま、雪の積もった田んぼの畦道《あぜみち》に倒《たお》れて、凍《こご》え死んでいました。

稲田の水加減《みずかげん》を毎日その日の天気や稲の育ち具合に合わせて調整する早朝の水廻りは、米作りの百姓家ではどこでも家族一番のベテランの仕事です。おばあちゃんがまだ若くて元気だったころ、それは、勤《つと》め人の息子の代わりに行うおばあちゃんの大切な仕事だったのです。

おばあちゃんは最後まで、働きたくて、働きたくて、「若い者らあのために」なんとか役に立ちたくて、仕方がなかったのです。

おばあちゃんが亡くなったあと、吉田の人たちは遺品《いひん》を整理して形見分けをなさったそうです。おばあちゃんのタンスいっぱいの着物や小物は、ていねいに仕立て直したり、繕《つくろ》ったりしてありました。家事はなにもさせてもらえなかったけれど、おばあちゃんは、マコとマリが糸を通した何十本ものお針を使って、家の人たちに隠れて、せっせと縫物をなさっていたのでした。

そうした着物や小物は、ひとつひとつ宛名を書いたタトウや風呂敷に包んでありました。

その中に、ふたつになった花嫁衣裳もありました。タトウには〈まさ子さん〉〈まり子さん〉

とそれぞれに墨《すみ》で書かれていました。

でも、吉田家の人たちは、このふたりの名前にまったく心当たりがありませんでした。親戚にも、ご近所にも、おばあちゃんの教え子の中にも、〈まさ子〉さんと〈まり子〉さんはいませんでした。いろいろな人にたずねても、わかりませんでした。

そうして一年以上もたったある日、

「マコちゃんとマリちゃんなら、花《はな》の尾村《お》のお子かもしれん。ふたりの仲良しさんは、たしか〈まさ子〉さんと〈まり子〉さんちゅうてじゃったろう。そう言えば、学校の帰りにおばあちゃんとおもしろそうに話しておってのを何回も見ました」

と近所の人が教えてくれたのだそうです。


「それで、今日こうして、あなたたちに聞きにきました」

と奥さんはおっしゃいました。

ふたりから、おばあちゃんと交わしたさまざまな思い出話を聞くと、

「そうでしたか、まあ、おばあちゃんはそんなにねえ。ふたりのやさしさが、よっぽどうれしかったのじゃねえ」

奥さんとばあさまは、涙《なみだ》ぐみながらうなずき合っています。

「おばあちゃんの遺品の中にはね、行李いっぱいのおしめと雑巾《ぞうきん》が縫いためてありましたよ。目

の悪い、呆《ぼ》けておいでのおばあちゃんが、いったいいつの間に、どうやってこれだけの縫物をしてじゃったものやら、みんな本当にびっくりして不思議に思うておりましたが。あなたたちが手伝うてあげてじゃったそじゃねえ」

奥さんはニコニコ笑いながら、ふたりの顔を交互に見つめてうなずいています。

「これはね、亡くなったおおばあちゃんからあなたたちへの形見分けですよ。やさしゅうにしてもろうて、よっぽどうれしかったのじゃろうね。ありがとうね。

一番の宝物をあなたたちにあげようと思うてじゃった。ええお嫁さんになってもらいたかったそじゃろうね。大事にしてあげてね」

奥さんは、名前が書かれたタトウの向きを正して、マコとマリの前にそれを押しやりました。とまどってばあさまをふり向くふたりに、ばあさまは、

「もろうてあげてじゃったらええ。良かったね。大事におしや」

とうなずきました。そうして、

「着て見せておあげ」

とふたりを促《うなが》しました。

それぞれのタトウからゆっくりと着物を取り出したマコとマリは、とまどいながらセーラー服を脱《ぬ》いで、スカートのまま着物に袖を通しました。前裾の金糸のユリの花が、とても誇《ほこ》らしげにキラキラとゆれています。

だと言うのに……。

白地に散りばめられた小花の中に咲き誇る金糸のユリの花は、マコとマリのヒザのあたりで振れています。おばあちゃんが縫ってくれた花嫁衣装は四つ身仕立てで、中学生になったふたりにはツンツルテンなのです。

そう、おばあちゃんがふたりの花嫁衣裳を縫ってくれていたころ、マコとマリは、四つ身※の花嫁衣裳を着て、「それはそれは美しい花嫁御寮」になるはずの小さな少女だったのですから。

「お針を持ったらね、これを着たり使うたりする人のことをいとおしゅうに思いながら、やさしゅうに、やさしゅうに……」

と話してくれたおばあちゃんの声が聞こえてくるようです。

マコの目には、ひとりでに涙がにじんできました。顔を見合わせたマリが、口を固く結んでうなずきました。

※四つ身…… 身丈の四倍を見頃幅とした子ども用の着物。四、五歳から十歳前後の子どもが着る。

ガキ大将じいさまのこと

「これのじいさまは、五十年間花の木の里のガキ大将でありましたからのう」

「まっこと。久治さあが死んでからちゅうもの、この里の子はみいんな元気がのうなって、おとなしゅうになってしもうた」

モヨばあさまとおとなりのおじいさまが話しているのは、みんなから「ガキ大将じいさま」と呼ばれたマコのじいさまのことです。

じいさまの名前は久治《ひさじ》。ギョロギョロ動く丸い大きな目と太いまゆげ、いつでもおもしろいことを言ってはみんなを笑わせてくれる、坊主頭で大男のじいさまのことを、花の木の子どもたちはみんな大好きでした。

そんなじいさまとの思い出話をしましょう。

それは、マコがまだ小学校に上がる前の一九五五年ごろのことです。

日本の国は、長い長い戦争に負けて、山の中の小さな里にも、戦争で兵隊に取られた父ちゃんや兄ちゃんを亡《な》くした家が何軒《けん》もありました。どの村も、どの家も、国じゅうが貧《まず》しかった時代のことです。

お蔵入り

マコと妹のノコは、近所のお姉さんたちが学校から帰って来るまで、家の庭でふたりで遊んでいました。

そのころふたりは、庭に干《ほ》してある空っぽのざるや樽《たる》の中に入ったり、むしろの舟《ふね》に乗って遊ぶ〈あんじゅとずしおうごっこ〉や〈アリババごっこ〉に夢中《むちゅう》でした。

「あんじゅとずしおう」のときには、ノコと人形を縁側《えんがわ》やむしろの上に座《すわ》らせて、「かかさまー、かかさまー」と呼《よ》ばせます。一方マコは、大きなざるや樽に乗ってゆらゆら揺《ゆ》れながら、「あんじゅやー、ずしおうやー」と手を振《ふ》りながら叫《さけ》びます。そうして叫びつかれると、両方で同時に泣き崩《くず》れるのでした。ざるや樽が小さすぎるときは、ノコをかかさまにして、マコと人形が「かかさまー」と叫びながらノコの入った樽のまわりをくるくると走りまわることもあります。

アリババの役は、いつでもマコがやります。じーっとざるや樽の中で身をかがめていると、棒《ぼう》を持ったノコがやって来て、こわい声で「この中におるだろう」と言いながら樽をたたきます。

アリババはござや座布団《ざぶとん》のふたをバサッとはねのけ、「ええい！　見つかったかあ」と叫んで飛び上がり、棒でノコを切りつけると両手を上げて勝利のおたけびを上げます。強いアリババがつかまることはけっしてありません。

それは、まるで春のように暖《あたた》かい冬晴れの日でした。庭には洗《あら》ったばかりのふたつの大がめがピカピカ光って横たわっていました。

「素焼《すや》きのかめは、ころげて石に当たったりすると割《わ》れたりヒビが入って使われんようになるからね。絶対《ぜったい》にさわっちゃあいけんよ」

ばあさまはふたりにそう言いながら、十字に組んだ小枝《こえだ》にかめの口を立てかけ、お日さまの方に向けて傾《かたむ》けると家の中へ入っていきました。

日に当たって赤茶色にキラキラ光る大きな素焼きのかめは、アリババを隠《かく》したあの大がめに、なんて似《に》ていることでしょう。マコは、アリババのように本物の大がめの中に隠れてみたくてたまりません。ばあさまはまだ家の中です。

「ほんのちょっとだけ」

マコが大急ぎでかめに足から入ろうとしたときです。傾けてあったかめがゴロンと動いて、ガツンとなにかにぶつかる音がしました。

「アッ！」

あわてて足を引き抜《ぬ》きましたが、かめの胴《どう》には小指の先くらいの小さな穴《あな》がポッカリと開いていました。

　でも、穴は小さいし、割れてはいません。マコにはそんなに大変なことだとは思えません。だけど「絶対にさわっちゃだめ」と言ったばあさまに、「入ってみようとした」ことを知られてはいけません。マコはかめをくるっと回して穴を下に向けると、元のように小枝に立てかけておきました。


「ありゃあまあ、こねえなところに穴が開いてしもうて。誰《だれ》がかめをころがしちゃったかね」

　ばあさまの声がします。

　ノコに「しーっ」と言うと、マコは、

「うちじゃあないよ。ノコちゃんでもないよ。誰もころがしちょらんよ」

　と答えました。

「あれだけ言うて聞かせたに。なして言うことを聞いてじゃあないやら。約束を破《やぶ》っても、大事なものを壊《こわ》しても、『ごめんね』も言うてじゃあないのかねえ」

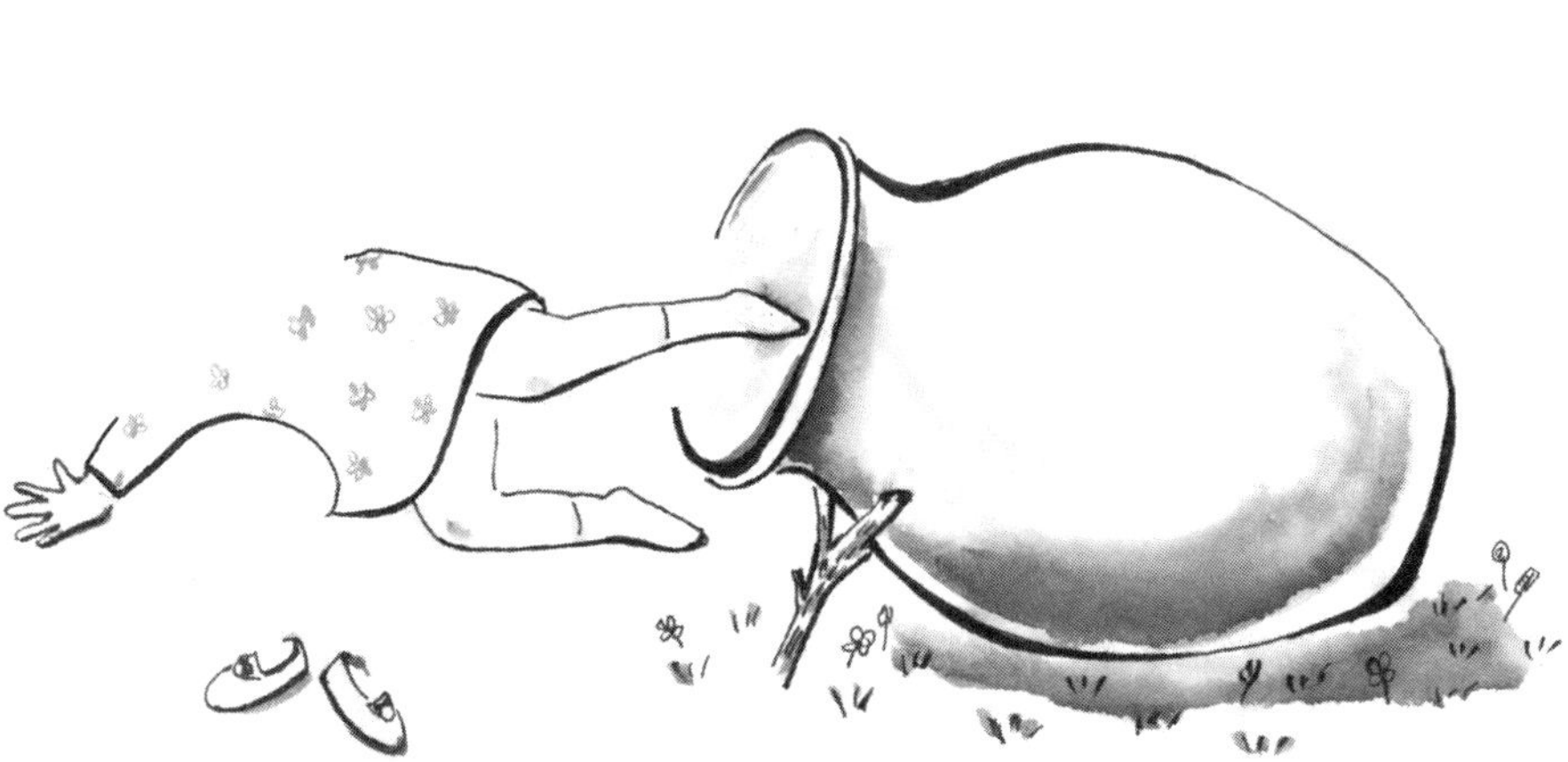

ばあさまは本当に悲しそうです。

でも、マコがころがしたわけではないのです。ちょっと、足を入れただけです。かめが勝手にコロンとこけたのは、支えていた小枝が弱かったのに違《ちが》いありません。

「うちのせいじゃあないもん」

ばあさまに、かめに開いた穴を見せられても、穴が開いたかめで味噌《みそ》を作るのがどんなにむずかしいことになるか、味噌がくさってしまったら、向こう一年、家の者は味噌が食べられなくてどんなに困《こま》ってしまうかと聞かされても、マコは、

「うちがころがしたそじゃあないもん。うちは悪うないもん」

と言い張《は》りました。

「みんなが帰ってくるまで、蔵《くら》の中でひとりでよお考えてがええ」

ばあさまはマコを蔵に入れて重い扉《とびら》を閉《し》めてしまいました。

蔵の戸は、錠《じょう》を閉めなくても子どもの力ではとても開け閉めできない、重い、ぶ厚《あつ》い戸です。一階の奥《おく》の部屋は昼間でも暗くて、幽霊《ゆうれい》やこうもりやネズミが出てきそうです。二階に上がれば窓《まど》も畳《たたみ》の部屋もありますが、階段《かいだん》はとても急であぶないので、小さなマコはまだひとりで上ったことがありません。

(じいさまが帰って来ちゃったら、すぐ助けてくれてじゃから)

マコとじいさまはとっても仲良しで、じいさまはいつでもマコの味方です。

マコは、入口扉の格子《こうし》にぶら下がるようにして外を見ながら、お昼になれば山や田から帰ってくるじいさまを待ちました。蔵の扉からはお便所の窓とナンテンの木が見えるだけです。ばあさまもノコもどこへ行ってしまったのでしょう。蔵の前は暗くてひっそりしていて、お日さまが昼寝《ひるね》をしてしまったみたいです。

「マコちゃんはどこねえ。おっちゃあないと寂《さび》しいよ」

母さまが帰ってきました。

「かめをころがして穴を開けてじゃったそに、うちは悪うないちゅうてあやまってじゃあないから、蔵に入れて考えてもろうちょる」

「まあ、そりゃあなんぎなこと。ばあさまもさぞ困ってじゃったろうに。蔵に入らんでも、早《はよ》うにあやまってならええそにね」

縁側の近くで、ばあさまと母さまの話す声が聞こえます。


「マッコやー、ノッコやー」

坂を登ってくるじいさまの声が聞こえ始めました。

じいさまはどこかから帰ってくるとき、いつでも、

「マッコやー、ノッコやー、サチエやー、みんなおるかよー」

と大声で呼ばわりながら坂を登ってきます。すると、マコとノコは遊ぶのも食べるのもやめて、縁側や庭先までじいさまを迎《むか》えにいきます。

「じいさまー。マコちゃんが蔵に入れられたよー」

ノコが大声で答える声が聞こえます。

「なしてや。なしてマコはおらんそかよ」

じいさまの声が庭先まで上がってきました。じいさまになにか話しているばあさまの声がします。

「そねえなこたあ、あるまあ。マコはいつでも悪いことをしたら正直にすぐあやまるでよ。かわいそうに。早うに出しちゃってくれ」

じいさまの大きな声が聞こえます。

「じいさまー」

マコが叫ぶと、ようやく扉のところに来たじいさまは、

「どねえしたそかよ。おまえがおらんと寂しいから、早うにばあさまにあやまってあげてくれ。いっしょに昼ごはんをたべようやあ。みんな待っちょるでよ」

といかにも心配顔です。

「うちは、ころがしちょらんそに。ちょっと足を入れてみただけなそに、かめが勝手にこけたそよ。ホンのこまーい穴なそに、ばあさまが大腹《おおはら》を立ててじゃった。うちはそねえに悪うないもん」

じいさまにたのまれてもマコはあやまりません。

「さあ、お昼にしますよ。じいさまも早うにお入り。マコちゃんはどねえしてかね。早うにあやまって、いっしょにお昼を食べてがええよ」

母さまが何度も呼んでいます。ノコも縁側の端《はし》から、

「姉さま、早うにおいで。お昼ごはんよー」

と声をかけます。

でもマコは、

「うちは悪うないもん。ばあさまがおこりすぎて蔵に入れてじゃったそじゃから」

と言いつづけました。

「マコが昼ご飯を食べんなら、ワシも食べん」

じいさまは戸の前に座り込《こ》んでしまいました。

「じいさまは家へ入ってお昼を食べてがええに」

ばあさまが呼びに来るとじいさまは、

「いんにゃ。ばあさまはマコがごめんねも言わん悪い子になったちゅう。マコはばあさまがおこりすぎてじゃから悪いちゅう。誰かがあやまって仲直りせんことにゃあ、ワシもお昼ご飯は食べとうない。ここにおる」

と言います。

「そねえに言うてなら、じいさまもいっしょに蔵に入ってがええ。ふたりとも、ようお考え」

ばあさまは蔵の扉を開けて、じいさまを入れると、ガチャンと錠《じょう》までかけて行ってしまいました。

「じいさままでしかられちゃったね」

マコはじいさまが来てくれて、うれしくて、とっても安心な気持ちでしたが、ひと言「ごめんね」を言わなかったばっかりに、じいさままで蔵に入れられて、お昼を食べられなくなってしまったのです。今ごろは母さまもばあさまもノコも、たった三人で寂しい気持ちでお昼を食べているのだろうかと思うと、じいさまにも、ばあさまたちにも、とっても悪いことをしている気持ちになってきました。どうしたらいいのでしょう。

やっぱり「ごめんなさい」とちゃんとあやまらないといけないのです。ばあさまは絶対おこりすぎだと思うけれど、味方のじいさまにだけは、こっそりかめに入ろうとしたことも、開いた穴をかくしてごまかそうとしたことも、正直に言わないといけないないなと思いました。

ところが、蔵に入ってきたじいさまは、「ばあさまにあやまってがええ」とも「なしてそねえに言うことを聞かんそかよ」とも言いません。

「のう。だいたいばあさまは、いつでもいつでもすぐおこる。マコもワシも蔵へ入れたまんまで、ご飯も持ってきちゃあくれん。ありゃあ鬼《おに》ばばあでよ」

と言い始めました。

「かめのひとつやふたつよりもマコの方がよっぽど大事なそに、こねえな汚《きたな》い暗《くら》いところに入れて、かめが大事、味噌が大事ばっかり言うて、ひとっつも孫をかわいがってじゃあない。いつかやっつけちゃらんにゃあいけん」

「じいさま、そねえなことはないよ。ばあさまはひとつも悪うないよ。やさしいよ」

「なしてや」

「あのかめにはね、みんなが食べるお味噌を作るそじゃからね、割れたり穴が開いたら味噌が作られんようになったり、腐《くさ》ったりして、うちらあは、味噌が食べられんようになるそよ。へじゃから、かめも味噌もやっぱり大事なそ」

マコはじいさまの間違いを、ひとつひとつ直してあげなければなりません。

「母さまも母さまじゃあ。自分のかわいい娘《こ》が蔵に入れられたちゅうそに、助けにも来ん。いつでもばあさまの言いなりじゃからのう。ありゃ鬼ばばあの子分じゃあ。てんで相手にならん。父さまとサーシャンが帰ってきてじゃったら、全部言いつけて助けてもらおう。鬼ばばあのばあさまと母さまを、うちの家から追い出してもらおう。あねえな者らあはおらんほうがええ」

大好きなばあさまや、やさしい母さまが家からいなくなるのは、絶対にいやです。マコのせいで家じゅうが大ゲンカになりそうです。マコはだんだん困ってきました。

「腹がへっては戦ができぬ。よっし、蔵にあるおいしい物をふたりで全部食べちゃろう」

そう言うとじいさまは、いつもは「勝手に食べちゃあいけん。一度にいっぱい食べたら病気になる」と言われている大すぼ柿《がき※》を四つも五つもざるに入れてマコに持たせると、自分は奥の部屋からドブロクの入った一升瓶《いっしょうびん》をかかえて二階へあがります。

畳の部屋のまん中に火鉢《ひばち》を置いて火を熾《おこ》すと、梁《はり》につるしてある凍《こお》り餅《もち※》を焼き始めました。

「鬼ばばあたちが昼ご飯をくれんでも、ひとっつも困らん。三日でも四日でも、好きなだけ蔵に入れてもええでよ。ばあさまが大事になおしちょる柿でも、凍り餅でも、米でも、豆でも、酒でも、ドンドン食べたり飲んだりしちゃろう。マコの大好きな凍り餅がなんぼでもあって、ワシの大好きな酒が何升でもあって、こねえなええこたあないのう。

全部ふたりで食べちゃってみい、後になってなんにものうなって困って泣くものは、ばあさまと母さまでよ。ええきみじゃあ。いっぱい食べえよ。なんぼでもあるでよ」

凍り餅を焼いたり、豆を炒《い》ったり、お酒を飲んだり、じいさまは大はりきりです。

おしっこがしたくなるとじいさまは、二階の窓格子のあいだから、下に向かってピューッと飛ばしました。びっくりしているマコに、

「ハッハッハ……ばあさまが植えてじゃったワケギに、小便をいっぱいかけてやった。ばあさまがワケギを抜こうもんなら、ワシの小便だらけじゃあ」

とうれしそうにふり向きます。

「マコ、お前もここから小便をしてみい」

とマコを窓枠《まどわく》にしゃがませ、外に向かっておしっこをさせてくれます。

「のお。今度ばあさまがワケギを抜きにきてじゃったら、ふたりで頭の上から小便をかけちゃろう」

とワクワク顔です。

マコはなんだか、とっても大変なことになってきて、おうちがつぶれてしまうようで、いてもたってもいられない気持ちになってきました。それなのにじいさまは、

「昼寝をするかよ。餅も柿も腹いっぱい食べて、昼日中からおいしい酒も飲んで、昼寝ができて、蔵の中は極楽じゃのう。ノコもいっしょに入れてもらやあよかったにのう」

と言いながら布団まで敷《し》きそうです。

古い蓄音機《ちくおんき》とレコードを出してかけたり、こわれた手風琴《ふうきん》（アコーディオン）をブカブカ鳴らしてみたり。ときどきばあさまのお手伝いで蔵に来ても、なかなかさわらせてもらえない昔の本や古いおもちゃやめずらしい道具を出して遊び始めました。それは、ふだんならとってもワクワクするような楽しい時間のはずなのに、マコはだんだん悲しくなって、涙《なみだ》までこぼれてきます。

「どねえしちゃったそねえ。なしていつまでも蔵におってのそ」

学校から帰ってきたサーシャンが、セーラー服のまま二階に上がって来ました。マコやじい

※大すぼ柿……　渋柿をワラに包んでぶら下げたりモミガラの中に入れて寝かせ、ゼリー状にした甘く熟した柿。
※凍り餅……　厚さ二〜三ミリの薄いカード状に切った餅を室内で乾燥させた保存食。

さまが母さまたちにしかられた時にはいつでも、サーシャンが「ちゃんとあやまって許《ゆる》してもらい。みんな寂しいよ」とやさしく声をかけてくれます。そしてようやく、じいさまとマコは、「サーシャンもみんなも寂しがってかわいそうじゃからのう」「仕方がないね」と言い言い、ばあさまや母さまと仲直りをするのです。

マコは大喜びです。

「サーシャン、おかえりー。柿も凍り餅もいっぱいあるよ」

「ねえサーシャン。おひな祭りにみんなで踊《おど》る踊りを教えて」

サーシャンは踊りがとっても上手です。子ども会では踊りの先生になります。

「酒もオヤツもあって、こりゃあ演芸会《えんげいかい》みたいじゃのう。ノコもばあさまたちも呼んでやったら喜んで来るでよ」

蓄音機を巻《ま》きながら、じいさまが笑います。

三人は、暗くなってもまだ、蔵の二階の裸《はだか》電球の下で蓄音機を鳴らし、歌ったり、踊ったりしていました。

「そろそろ降《お》りてじゃあないかね」

母さまの声に、歌い疲《つか》れ、踊り疲れて上機嫌《じょうきげん》の三人が、蔵を出てばあさまたちに「ごめんね」を言いに行ったのは、みんなで夕飯を食べる時間でした。

それから何十年ものあいだ、マコの家では毎年毎年、胴の穴を真綿《まわた》でふさいだかめにその年の味噌を仕込んでいました。

冬の大将

稲の刈《か》り入れも終わって、雪の季節が近づくと、じいさまは大忙《おおいそが》しになります。

「おじさん。これでええかね、見ておくれ」

できたてのそりをかかえた子どもたちがやって来ます。

「おう、上手に作ったのう。この辺を、もうちぃと丸うにしてみぃ」

じいさまはひとつひとつ見てやります。みんな夏休みのあいだに、じいさまから作り方を習っておいたのです。

雪が来る前には、大きな男の子たちとじいさまは、山に入って罠《わな》の仕掛《しか》け場所も決めておかなければなりません。

夕飯が済《す》むと、じいさまは、家じゅうの者を遠ざけて、寒い落ち間※で鉄砲《てっぽう》の弾《たま》作りです。

そして、大雪が来て田仕事も樵《きこり》もできなくなると、じいさまは長いゴワゴワのマントを着て、腰《こし》には毛皮の腰巻《こしまき》をつけ、耳あてのついたロシア帽《ぼう》をかぶって、炭焼きと猟師《りょうし》になります。

猟の日には朝まだ暗いうちから、鉄砲をかついで犬を連れたおじさんたちが何人もやって来ます。縁側《えんがわ》や上り框《かまち》に座《すわ》って打ち合わせが始まります。おじさんたちはじいさまのことを「大将《たいしょう》」と呼《よ》びます。

みんなでコップ酒をひっかけると、いよいよ出発です。

「イノシシをいっぱい捕《と》ってくるからのー、待っちょれよ」

飼《か》い犬のチョロとアカを連れたじいさまを先頭に、二手、三手の猟師の集団《しゅうだん》が、雪の林道を登っていきます。


「マッコやー、ノッコやー」

と大声で叫《さけ》ぶじいさまの声が聞こえてくるのはお昼すぎです。

「あっ。帰ってきちゃった」

マコは大急ぎで縁側に出て、向い山の棚田《たなだ》の道を下ってくる長い長い行列に手を振《ふ》ります。先頭で大きく手ぬぐいを振っている大男がじいさまです。行列の中には手足をしばられ、棒《ぼう》にぶら下げられたイノシシも見えます。ひとつ、ふたつ……。

「今日は四頭じゃの」

庭先に立っている母さまが言うと、マコは大急ぎで長靴《ながぐつ》をはいて、庭の下《しも》の先《はな》にかけだします。

※落ち間……　家の裏側にある座敷より床面の低い板の間

「イノシシが来たよー。イノシシがきたよー。四頭きたよー」

村じゅうに聞こえるように大声で叫びます。

猟師の一行が川原の材木置き場に着くころには、村じゅうの子どもたち、大人たちがやって来て川原はまるでお祭りの日のようです。

おじさんたちが解体《かいたい》したイノシシはみんなに分けられ、家の中では、囲炉裏《いろり》とかまどにかけられたふたつの大なべの中で、イノシシ汁《じる》が煮《に》えています。猟師さんたちの大宴会《だいえんかい》の始まりです。

マコは、囲炉裏ばたに座ったじいさまのあぐらの中で、じいさま大将の采配《さいはい》ぶりや、猟師さんたちの手柄《てがら》話、そして逃《に》がしてやった鹿《しか》の姿《すがた》の美しさを聞いています。

「鹿はのう、この里の山を守ってくれる山の主じゃからのう」

猟師さんたちは、イノシシやウサギやキジは捕っても、鹿だけはけっして捕りません。


「おじさん、雪が積もっちょるよ。膝《ひざ》まであるよ」

庭から子どもたちの呼ぶ声が聞こえます。

「おう。はあ、そねえに積もったかよ」

囲炉裏ばたのじいさまが、いかにもうれしそうに立ち上がります。

「またそり道作りかね。なんぎなこと」

母さまがつぶやきます。

山の中腹《ちゅうふく》に建つマコの家は、「上の坂」「下の坂」と呼ばれる二つの坂から登ってきます。下の坂は幅《はば》が狭《せま》く、長くて登りが急なうえに、途中《とちゅう》で大きく曲がるガケ道であぶない坂です。でも村の中心に行くには近道なので、みんなよく使います。

雪が降《ふ》ると、じいさまと村の子どもたちは、この下の坂に雪を盛《も》り、踏《ふ》み固めて、そり遊びのすべり台に変えてしまいます。すべり台になった下の坂はツルツルすべって歩けないので、大人たちは上の坂から遠回りして村へ行かなければなりません。下の坂は「子どもたちの坂」になります。

「うちも行く」

マコは大急ぎで綿《わた》入れを着ると、長ぐつをはいて、じいさまの後を追いかけます。

庭では十人近い男の子たちが、手に手に自分で作ったそりをかかえて待っています。

「よっし、マコトはこれを持っていけ。重たいでよ。サカエちゃんはそこにある板を四、五枚《まい》持ってこい」

じいさまが大きい子たちに板切れや大竹、箕《み》※や叺《かます》※、もっこ※を持たせると、じいさまを先頭にみんなで下の坂に向かいます。

※箕……穀物に混じったちりやもみがらなどを選別して取りのぞく農具。
※叺……わらむしろを袋状にぬい合わせたもの。作物や炭・木くずなどを入れる。
※もっこ……縄、竹、つるなどを網状に編んだ運搬用具。

「ええか、マコトたちは下の田から雪を持ってきて、ふちを作ってくれ。サカエちゃんたちは坂の下に雪を積め。まっすぐになるようにせえよ。あんまり固めちゃあいけんでよ」

じいさまは大将になって、みんなに大工事の指示《しじ》をします。

まだ学校に行かないマコたち小さな子は、坂の上下にふたつの大雪だるまを作るのが仕事です。すべり台を見張る雪だるまがいないと、すべり台は使えません。みんな大はりきりで仕事をします。


「おじさん。これでどねえねえ」

「よっしゃあ、へんならワシがすべってみちゃろう」

一番すべりはじいさまです。じいさまはそりを使いません。セメントの空き袋《ふくろ》に尻《しり》と背中《せなか》を乗せて、エビのようにねっころがると、いっきに坂をすべり降ります。

パチパチパチパチ……。「バンザーイ」「バンザーイ」

坂の上や下、崖の下に並《なら》んだ子どもたちが、手をたたき、叫び合います。すべり台の開通です。

「おお、ええでよ。マコト、この辺にもうちぃと雪を盛っちゃれ。セイ坊《ぼう》はその板で、ここをもぉちぃとたたいたほうがええ。よっしゃあ、これでええ」

大将が最後の仕上げを確認《かくにん》して、いよいよそりすべりの始まりです。

マコたち小さな子は、大きい子に抱っこしてもらってそりに乗ります。大きい子たちが作ったそりをみんなで使います。

じいさまは坂の下に立って、子どもたちがすべり降りてくるたびに「おっしゃあ」「よーっしゃあ」と抱きおこしてくれます。

ときどきじいさまは、「ワシにもすべらせえや」と言ってセメント袋を敷《し》いて、エビのようにねっころがって滑《すべ》ります。そうしてまた「こっちにもうちいと雪を入れてみい」などと、そり道の修理《しゅうり》を指図します。

子どもたちがいなくなると、坂の登り口と下り口では、杉枝《すぎえだ》の両手を大きく広げたふたつの雪だるまが立ちん坊をしています。ツルツルに凍《こお》ったすべり台に足を踏み入れて、大人たちがこけたり、けがをしないように見張《みは》っているのです。

雪の積もる冬のあいだ、下の坂のすべり台は、村の子どもたちの大きな楽しみでした。

ふかふかの雪がマコの腰のあたりまで積もっています。空には大きなお月さまが輝《かがや》いて、風が吹《ふ》くたびに揺《ゆ》れる大柿《おおがき》の木の枝が、庭の雪に波のような影《かげ》を落としていました。

お風呂《ふろ》は、庭のはしに別棟《べつむね》で建っています。五右衛門風呂《ごえもんぶろ》に入ると、母さまやサーシャンが焚《た》き口から「おかげんはどねえかね」と聞いて、火を強くしたり弱くしたりしてくれます。

その日はとっても寒かったので、マコとじいさまは、たっぷりとぬくまることにしました。あんまりたっぷりぬくまったので、ふたりはゆでダコみたいに、ポッカポカになってしまいました。

「ちょっと涼《すず》みにいこうかい」

焚き口に誰もいないことをたしかめると、ふたりは裸《はだか》のまんま庭へ飛び出しました。

バッタン！

じいさまがいきなり、ふかふかの雪の上に大の字に倒《たお》れました。

びっくりしたマコがあわてて助けおこそうとすると、

「あーあ、ええ気持ちじゃあ」

雪に顔をうずめたままのじいさまが、天国にいるみたいな声で言いました。

パッタン！

マコも雪の上に大の字に倒れてみました。顔も、胸《むね》も、腹も、腕《うで》も足も、やわらかいひんやりとした雪に包まれて、なんて気持ちがいいのでしょう。

ふたりが起き上がると、そこには大きいのと小さいのと、ふたつの人型がくっきりと残っています。お月さまの明かりの中で、雪の上の人型はなんときれいで、不思議で、ステキなんでしょう。

パッタン！

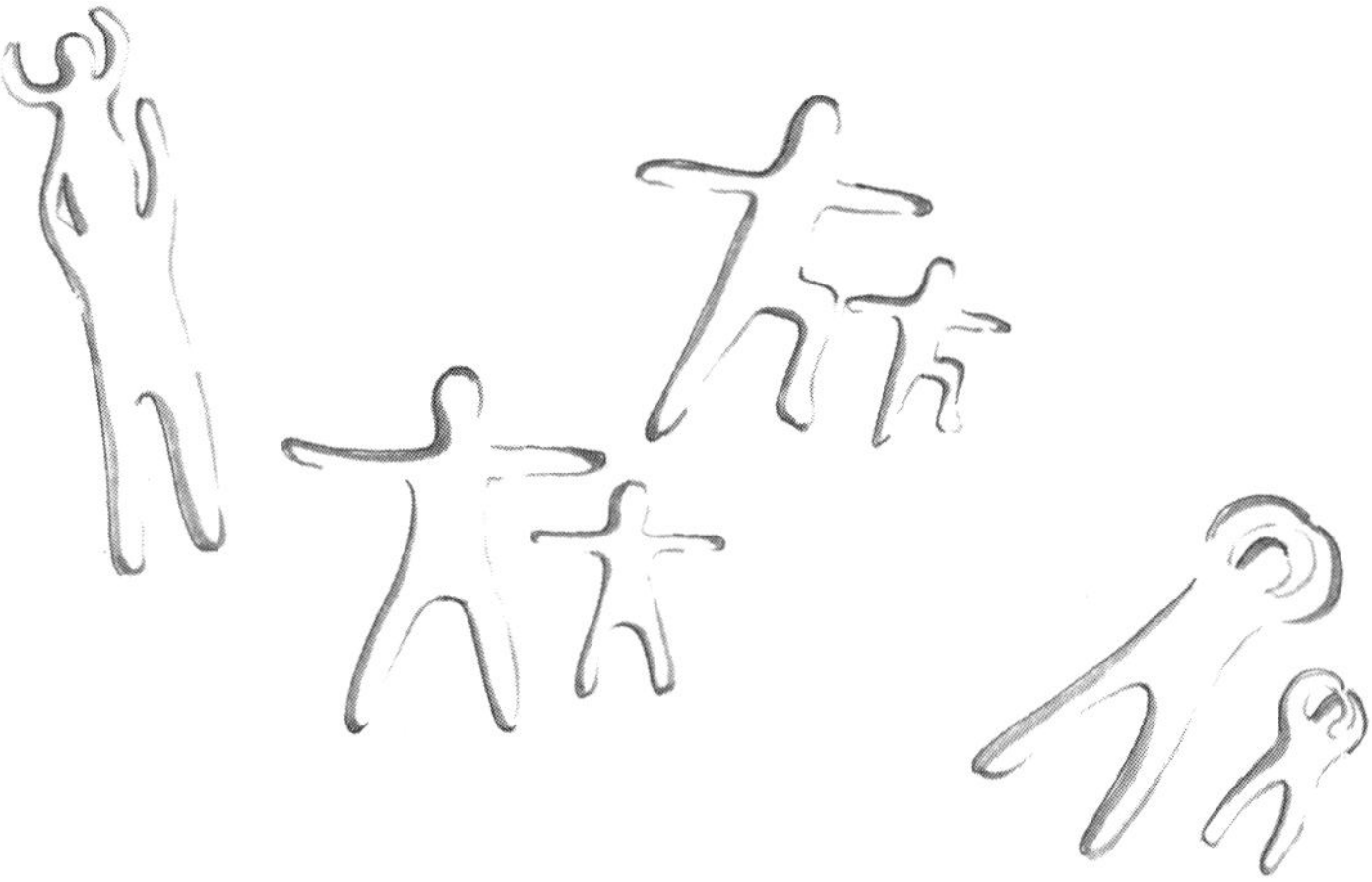

マコはもうひとつ人型を作ります。

バッタン！

じいさまも作ります。

バッタン！　パッタン！　こっちにもバッタン！

ななめ向きのもパッタン！　背中向きのもパッタン！

マコとじいさまは、次々に、いくつもいくつも人型を作りました。ポカポカだった体は、すっかり冷めてしまいました。

「よーっし、またぬくもるぞー」

走ってお風呂に飛び込《こ》みます。

「ぬるいぞー。もっとドンドン焚いてくれー」

サーシャンを呼びます。

そしてまた、サーシャンがいなくなって、体がホッカホカのゆでダコになってくると、「涼みにいこうか」と庭に飛び出して、バッタン！　パッタン！

「まあ、この寒いそに、なにをしちょってのそ」

とうとうサーシャンに見つかってしまいました。あ

わてて風呂に飛び込んで、

「焚いてくれえ。風呂がぬるいどー」

とたのんでも、あきれはてたサーシャンは、

「うちゃあ知らん」

とおこって家に入ってしまいました。薪《まき》はじいさまが足します。

ふたり手をつないだ人型も、肩《かた》を組んでる人型も、肩車した人型も作ります。庭じゅうに作ります。

「坂にも、道にも作ろうか」

「明日の朝、みんなが見ちゃったらびっくりしてじゃろう」

「坂からだんだん登ってきたみたいにしちゃろうか」

「歩いちょるみたいにしてみい」

「フフフ、雪オバケがいっぱい来たと思うてかもしれんね」

「こねえにいっぱい雪オバケが来たら大ごとじゃあ」

「母さまもばあさまもサーシャンも、ひとりじゃあ、よう風呂に行かれんようになるかもしれん」

寒くなったらお風呂に入って、ポカポカになったら庭に飛び出して、何回も何回もお風呂と庭を出入りして、右へ左へ人型はどんどん増《ふ》えて、もうすぐ庭いっぱいに広がります。

何回サーシャンが呼びにきても、母さまが「おやめ」と言いにきても、マコとじいさまはちっともやめようとしません。

「そねえに雪の中で寝《ね》てのが好きなら、はあ、寝間着も布団《ふとん》もおうちもいらんそじゃろう。ひと晩《ばん》じゅう雪の中で寝てがええ」

カンカンにおこった母さまは、マコとじいさまの着替《きが》えも寝間着も持っていってしまいました。

「どねえしてのそ。早うにあやまって、おうちへお入り」

と心配顔のサーシャンが呼びにきても、頭の上に手ぬぐいを乗せて、ゆでダコ顔でお湯につかったじいさまは、

「へっちゃら、へっちゃら」

と追い返します。

「明日の朝、日が昇《のぼ》ったら庭じゅうがきれいな模様《もよう》になっちょるでよ。母さまたちはこねえなおもしろい、気持ちのええことがなんにもわからん。本当のバカじゃあ」

とワクワク顔で言います。

サーシャンが家と風呂のあいだを何回も行ったり来たりしながら、マコとじいさまを家に連れ戻《もど》そうとしても、ふたりの着物を持ってこようとしても、母さまもじいさまとマコもゆずりません。

「サチエちゃん、放っておおき」

母さまはついにサーシャンにマコたちのところへ行くのを禁《きん》じてしまいました。

庭いっぱいに人型が並ぶと、じいさまは、

「ええか、今夜ワシらあがどこで寝るか、母さまたちにはひみつにしちゃろう」

といつものワクワク顔でささやきました。

すっごくおもしろかったけれど、寝間着もないし、寝るところもないのはちょっと困《こま》ったなあと心配になり始めていたマコは、「えっ、どこ?」とじいさまの方を見ました。

裸のマコを大きなはんてんに包むと、じいさまは「しーっ」と声をひそめて庭をたしかめます。

「よっし」

じいさまに抱かれたマコが着いたのは、昼間ばあさまたちが俵《たわら》あみや縄《なわ》ないをする納屋《なや》でした。

フンドシの上に納屋にぶら下がった母さまたちの野良着を引っかけたじいさまが、牛小屋からいっぱいの稲《いな》わらをかかえてきました。

「見ちょれよ。今、フッカフカの王さまの寝台を作っちゃるでよ」

ブッカブカのはんてんの裾《すそ》をひきずりながら、マコもわら束を渡《わた》してあげます。

土間のまん中いっぱいに、稲わらとむしろでできた大きな寝台が現《あらわ》れました。

「おまえはお姫《ひめ》さまじゃあ、ワシは王さまじゃからのう。金の冠《かんむり》をつけんといけん」

ふたりの頭に手ぬぐいを巻きつけながら、じいさまが言います。

「外国の王さまとお姫さまじゃね」

マコは、絵本で見た外国のお姫さまの、レースがかかった寝台のことを思っていました。

「お姫さま、さあ寝ましょう」

マコをわらの布団に寝かせると、じいさまはその上に、わらやそこらにあった座布団や、ばあさまたちのひざかけをかけてくれます。わらの寝台はとってもあたたかくて、フカフカして、目をつむると本当のお姫さまの寝台のようです。

明日の朝は早起きです。

みんなが学校へ行く前に、村じゅうの子どもたちを呼んできて、庭いっぱいの人型を見せてあげなければなりません。朝のお日さまに照らされたら、白い雪の上の人型は、どんなにキラキラときれいに見えることでしょう。

マコとじいさまは、誰も知らない王さまの寝台で、野良着のドレスを着て、わらの布団をかぶって、王さまとお姫さまになって眠《ねむ》りました。


「みんなおいでー。おもしろいもんを見せるよー」

翌朝《よくあさ》早く、大声で呼ばわったマコの声につられて、何人もの小学生が下の坂を登ってきました。

「すっげえー」

「きれいじゃねー」

「これを全部ふたりで作っちゃったそー」

「よっし俺《おれ》たちもやろうやあ」

口々に言う子どもたちに、マコは教えてあげました。

「こねえにいっぱい作っちゃったらね、家の中じゃあ寝られんようになってよ」

山賊《さんぞく》の寝床《ねどこ》

マコとじいさまは、なにかすっごくおもしろいことを見つけて夢中《むちゅう》になるたびに、母さまやばあさまをおこらせてしまいます。

母さまとばあさまがノコだけを連れて親戚《しんせき》の法事に行った日もそうでした。

マコはじいさまとふたりで、山奥《やまおく》の炭焼き小屋に行くことになりました。

「今日は大仕事が待っちょる」

じいさまとマコは、大好きな物がいっぱい入っている大きなお弁当《べんとう》とおやつのリュックをかついで、お勤《つと》めの父さまよりも、学校へ行くサーシャンよりも、法事に行く母さまたちよりも早く、家族みんなに送られて家を出ました。

じいさまは、焼き上がった炭を炭焼き窯《がま》から少しずつ出して、のこぎりで切りそろえて俵《たわら》につめます。その横で短い切れはしを集めて叺《かます》に入れるのがマコの仕事です。

とっても風の強い日で、炭焼き小屋の柴の戸はギシギシと鳴りつづけていました。

ふたりは一生けんめいに仕事をして、お昼前には窯の中を空っぽにしてしまいました。いっぽい働いて、たらふくお昼を食べたので、お昼寝をすることにしました。

でも、炭焼き小屋の壁《かべ》は柴《しば》でできているので、ピュウピュウと風が吹《ふ》き込《こ》みます。

「ええことをしよう。こっちい来てみい」

じいさまが、炭焼き窯の中から呼《よ》びます。「子どもは中に入ってはいけない」と言われているのですから、マコはもうワクワクです。

じいさまとマコは、窯の床にござを敷《し》いて横になりました。

「ぬくいねぇ。気持ちがええところじゃねえ」

マコの背丈《せたけ》ほどの高さの出入口から外の光が入って来るだけの炭焼き窯の中は、薄《うす》ぼんやりと暗くて、ほんわりとした、人肌《ひとはだ》のようなあたたかさです。横になると、丸くおわんのようにかぶさった天井《てんじょう》は、まるで風からも、寒さからも、林の物音からも、ふたりを守ってくれているようです。

「温泉《おんせん》の中で寝ちょるみたいじゃねえ。寒うになったら、ここへ寝にきたらええね」

「しーっ。山賊に聞かれんようにせえよ」

じいさまがとっても小さい声で言います。

「炭焼き窯の中がこねえにぬくうて、ええ寝床じゃちゅうことが山賊に知れたら、毎晩《まいばん》泊《と》まりに来るようになるかもしれんでよ」

「うちらあも山賊になったみたいじゃね」

「母さまたちにも言わん方がええでよ」
「うん。誰《だれ》にも教えんと、ふたりだけのひみつの寝床にしよう」
ふたりは、炭焼き窯の中を〈山賊の寝床〉と呼ぶことにしました。

ところが……。

「炭焼き窯の中で昼寝をするちゅう話を聞いたことがない。どて（天井）が落ちたら大けがをしてじゃろうに、よう、そねえなあぶないところで寝られてのもんじゃね。頭も服も炭だらけになって、あきれて物も言われん」

山賊の寝床で昼寝をしたことはひみつにしていたのに、マコの髪《かみ》の毛があんまりスミだらけだったので、ばあさまにバレてしまいました。

「あぶないこたあないよ。温泉みたいにぬくうて、丸い天井がね、ほっこりして、やさしい、気持ちのええところよ」

マコが一生けんめいに、炭焼き窯の中がどんなに気持ちのいい寝床になるのか話してあげても、母さまもばあさまもちっともわかりません。

「ホント、物のわかってじゃあない！」

「なんにも知ってじゃあない！」

「あきれて物も言われん！　はあ、見限《みかぎ》った！」

母さまもばあさまも、おもしろいことがちっともわからない、なんてガンコなおバカさんなのでしょう。

マコとじいさまは、そんなふたりに見切りをつけて家出することにしました。

家出をするときはいつも、マコとじいさまは大はりきりです。ばあさまと母さまの悪口を言いながら、意気ようようと下の坂を下ります。

「まあ、こねえに暗うなってからどこへ行ってかね」

下《した》の家のお母ちゃんがびっくりして聞きます。

「炭焼き窯で昼寝をしたちゅうて、母さまたちがまたおこってじゃった。窯の中はぬくうて、気持ちがええよちゅうて聞かしても、ひとつもわかってじゃあない。あねえね物のわからん者といっしょにやあおられんから、うちらあは家出をするぞ」

マコが大いばりで説明します。

「まあ、そりゃあなんぎな。へじゃけどマコちゃんがおってじゃあないと、サーシャンもノコちゃんも、さぞ寂《さび》しがってじゃろうね」

下の家のお母ちゃんは心配そうに言います。

誰にも言わないはずだったのに、マコは村の中道《なかみち》を通り抜《ぬ》けながら、誰かに聞かれるたびに大いばりで〈山賊の寝床〉がどんなに気持ちのいいステキな寝床なのかを話して聞かせます。

「まあ、そりゃあ気持ち良さそうじゃね。今度わたしも寝さしてもらおうかしら。行ってもええかね」

というおばさんがいたら、それはもう、母さまやばあさまとは大違《おおちが》いの、かしこい、物のわかった人です。

「ええよ。へじゃけど〈山賊の寝床〉のことはひみつじゃからね。誰にも言うてじゃあないがええよ。母さまたちにも言うちゃあいけんよ。しかられてじゃからね」

マコは物のわかったかしこいおばさんに、よく言って聞かせます。

そんなわけで、ふたりの家出先は母さまたちにはないしょでしたが、村じゅうのみんなが知っていました。同じ村にある親戚の野中の家か、となり村の田島のじいさまかたです。野中と田島では、じいさまと子どもたちもみんな、とってもおもしろいことが大好きです。

「そりゃあさぞおもしろかったろうね」

とうらやましそうに言って、マコたちの気持ちをよくわかってくれるからです。

じいさまは、親戚のじいさまたちと囲炉裏《いろり》ばたで一杯《いっぱい》飲むことができるし、マコはマコで、夜でもお姉ちゃんやお兄ちゃんたちと遊べて、うまくすればいっしょのお布団《ふとん》に寝ることだってできるのですから、家出はいつでもワクワクする冒険《ぼうけん》の始まりです。

その日、マコとじいさまは自転車に乗って、田島のじいさまの家に行くことにしました。

じいさまの大きな自転車のハンドルにつけた補助椅子《ほじょいす》に乗って、マコは元気よく歌を歌いながら走っていました。

向かいから自転車のオレンジ色の灯が見えてきます。

「あっ、父さまが帰って来ちゃった」

マコたちは夕方に家出をして田島まで行く道で、勤めから帰ってくる父さまによく行き合わせました。

「ありゃあ、今ごろから、どこへ行ってかね」

ふたりを見つけてびっくりした父さまが聞きます。

「あのね、母さまとばあさまがまたおこってじゃった。なんぼ言うてきかしても、ひとっつもわかってじゃあない。ほんとに物のわからんおバカさんじゃから、見切りをつけて田島まで家出をするぞ」

マコが説明します。

「母さまたちには田島へ行ったて言うちゃあいけんよ」

「じゃけど、なして母さまたちはそねえにおこってじゃったそ」

マコは、炭焼き窯の〈山賊の寝床〉がどんなにステキか、そのことをちっともわからないでおこっている母さまたちがどんなにおバカさんか話して聞かせます。

「へじゃけど、ばあさまたちも心配してじゃったそじゃあないかね。今夜またふたりが帰ってあげてじゃないと、父さまもサーシャンもノコもばあさまも母さまも、みんな寂しいよ。母さまたちには私からよう言うちゃげるから、今夜は帰ってあげてがええよ」

「どねえしようかいのう。父さまのたってのたのみじゃからのう」

じいさまがマコに相談します。

「サーシャンも父さまもノコも寂しがってじゃったらかわいそうじゃね」

「ワシらあがおらんようになったら、泣きくらすようになるかもしれんのう」

「仕方がないね。みんなのために帰ってあげようか。やさしゅうにしちゃるかね」

マコとじいさまは、みんなのために、ワカランチンでおバカな母さまとばあさまのこともちょっとがまんする、やさしい者たちなのです。

「帰って来てやったでよ」

玄関《げんかん》の戸を開けながらじいさまが言いました。みんなが迎《むか》えに出てきました。

「寂しかった？」

マコはみんなにやさしく聞きました。

ないしょ

マコとじいさまは、いっぱいのないしょを持っていました。それは、すぐに母さまたちにしかられてしまう〈すっごくおもしろいこと〉だけではありません。

建ってから百年以上がたつわらぶき屋根のマコの家には、胴《どう》まわりがじいさまの腕《うで》ほどもあるアオダイショウが住みついていました。

「チロチロチロチロ…… チ・チ・チ・チ・チ……」

まつ虫みたいな声でじいさまが呼《よ》ぶと、軒下《のきした》や縁《えん》の下からヌーッと顔を出します。でもアオダイショウのことは、家の女子《おんなこ》どもにはひみつです。

「母さまたちには言うなよ。ありゃあおくびょう者らあじゃから、アオダイショウがおると思うたら、怖《おそ》ろしがって、家の中でよう寝《ね》んようになるかもしれんでよ。へえでも、おまえはなんにも怖れんでもええでよ。アオダイショウはのう、ワシが生まれたころからこの家におって、尾花《おばな》の家の主じゃから、この家で生まれたもんのことは、自分の子どもみたいに思うちょるからのう。絶対《ぜったい》に悪さはせん」

「へんならヘビが、うちも、ノコも、じいさまも、〈かわいい子〉と思うてくれちょってそ」

「そうじゃ。へえじゃけどのう、よそで生まれてじゃった母さまたちのことは、どねえ思うちょるかわからんからのう、母さまたちには言わんがええでよ。大柿の木にヘビ穴《あな》があろうがや。ありゃあアオダイショウの子が生まれたところじゃ。いっぺんに七匹《ひき》も生んだでよ。みんなおまえと同じ尾花の子じゃあ。仲良うにしちゃらんといけんでよ」

「じいさまはヘビと話をしてじゃったそ？」

「そりゃあするいや。長いつき合いじゃからのう。たまに会やあ、『このごろはどねえでありますかの』ちゅうて話すこともある」

「うちも大きゅうなったら話ができるようになる？」

「そりゃあできる。気持ちをやさしゅうに持って、困《こま》っちょるなら助けてやらんにゃあいけん。ヘビでもなんでも、うれしいように、喜ぶようにしてやらんにゃあいけん。

草木でも鳥でも犬やら牛でも、虫でもヘビでも生きちょるもんはなんでも、こっちが『友だちじゃね』と思うて大事にしてくれる者には、向こうも友だちじゃと思うて仲良うにしてくれるもんじゃからのう」

裏山《うらやま》の腹《はら》には、長い横穴があります。家のまわりに誰もいないとき、じいさまとマコは提灯《ちょうちん》と手鍬《てぐわ》を持って探検《たんけん》しに行ったり、宝物《たからもの》を隠《かく》しに入ったりします。横穴に住んでいるこうもり一家も本当は「尾花の一族」ですが、母さまたちにはないしょです。こうもりを気持ち悪がって、「子どもが入ると危《あぶ》ないから横穴にふたをしよう」などと言い出しかねないからです。


冬が近づくと背戸《せど》（裏庭）の椿《つばき》の大樹《たいじゅ》には、猿《さる》がやって来ます。

「猿がおいでましたよ」

朝一番に背戸に出た母さまが見つけました。

「へんなら、ひとつ顔を見にいっちゃろう」

囲炉裏《いろり》ばたのじいさまが、新聞を置いて背戸口へ向かいます。

「マコも行く」

「うちも行きたい」

マコとノコは大急ぎでゲタをつっかけると、じいさまの後を追います。

「ええか、おまえらあはなんにも言うなよ」

ノコを抱《だ》き上げながら、小さな声でじいさまが言います。

猿は、マコたちが木登りのときに座《すわ》る大股《おおまた》より少し上の枝《えだ》にちょこんと座ってこっちを見ています。

「どねえかよ。たっしゃにしちょったかよ」

じいさまが聞くと、猿はチョットだけ頭を動かして、アゴを前につき出しました。

「そりゃあえかった。よう来たのう。まんごのマッコとノッコじゃが知っちょろうがや。大きゅうになったろうがや。ふたりともやさしい素直《すなお》なええ子でよ」

恐《おそ》る恐るじいさまの肩《かた》や太股の陰《かげ》から猿を見ているマコたちに向かって、猿がちょっと片手《かたて》を振《ふ》ってあいさつを返しました。

「へんなら、おまえらあは家に入っちょれ。親分とワシとないしょの話があるからのう」

やって来たのはこのへんの猿の親分です。親分は雪が降《ふ》る前になると毎年やって来ます。今年の雪はいつごろどのくらい降るのか、山の木の実はどんな塩梅《あんばい》で、イノシシやウサギやキジはどの山でいっぱい捕《と》れそうかを、じいさまにこっそりと教えに来るのです。

じいさまは、猿の親分とも子どものころからの知り合いです。ときどきは山仕事のときにいっしょに遊ぶこともあるけれど、それもみんなにはないしょです。この日じいさまは、猿の親分に庭の大きな柿の木の実と、裏山の柴栗《しばぐり》を「好きなだけ取ってくれ」と言ってやりました。そして、親分が好きな椿の花が咲《さ》いて実もなったら、蜜《みつ》でも実でも「お前のもんと思うてくれ」と言ってやったのだそうです。

飼《か》い犬のチョロのお腹がふくらみ始めたころのこと。じいさまがチョロのお腹ををさすりながら言いました。

「もうちいとしたら、チョロは赤ちゃんを生むでよ。おおかた赤い仔《こ》が一匹生まれるからの、赤い犬が生まれたら〈アカ〉ちゅう名にしちゃろう。アカは家で飼《こ》うちゃるからの。おまえの犬にしちゃろう。アカのお姉ちゃんになって、かわいがってやるかよ」

「うん。本当に赤い犬が生まれるそ？　まだ生まれちょらんそに、なしてじいさまにはわかってのそ？」

「このあいだ山に行ったときにのう、チョロがこそっと教えてくれたそじゃから、母さまたちにゃあまだないしょにしちょこう。どうせ『生まれてみんことにゃあ、赤やら青やらわからん』ちゅうに決まっちょるからのう。赤犬が生まれたらみんなびっくりして、大喜びをしようでよ」

「うちの犬になるそよね」

マコはもう大喜びです。春がくると、じいさまの言った通りにチョロは赤黄色の仔犬を産みました。

うなぎの罠《わな》を仕掛《しか》ける穴場も、アケビの生える木の場所も、キジやウサギやイノシシの通り道も、鳥を取るかすみ網《あみ》の仕掛け場所もみんな、五十年間花の木の里のガキ大将だったじいさまと村の子どもたちだけの、ひみつの言い伝えでした。

ビー玉戦争

「マコちゃん、じいさまは親類のお祭りに行ってじゃったそ」

「うん」

「へたら、明日は宝探《たからさが》しじゃね。うれしいね」

「宝物はなんじゃろうかい」

子どもたちはみんな、ワクワクしながらじいさまの帰りを待ちます。

めったに旅行には行かないじいさまが、年に何回か遠くの村や町に出かけると、マコとノコ用のオハジキや髪飾《かみかざ》りだけではなく、村の子みんなの分のキラキラ光るめずらしい色ビー玉やオハジキ、コマやメンコ、着せ替え人形など、いくつも買ってきてくれるからです。

大きい子たちが学校に行っている朝のうちに、じいさまとマコたち小さい子は宝探しの準備《じゅんび》に大忙《いそが》しです。

村じゅうを歩きまわって、ビー玉やコマやメンコを隠《かく》すのです。石垣《いしがき》の隙間《すきま》も木の股《また》も、どこ

かの家の戸袋《とぶくろ》の裏《うら》も、腰板《こしいた》の割《わ》れ目も、ときには道にころがっている石の下まで、村じゅうのあっちこっちに宝を隠してまわります。

「この板をちいと引っぱってみぃ。はずれようがや。この奥《おく》にコマをひとつ入れちょっちゃれ。ええか、すぐにはわからんように、上手に板をはめ直しちょけよ。ここじゃったら、誰《だれ》もよう見つけまあでよ」

坂の下の家の縁側《えんがわ》の床板《ゆかいた》が一枚抜《ぬ》けるのを、じいさまだけが気づいているのです。宝は、小学校に行っている村じゅうの子どもたちの人数分、ひみつの穴《あな》や物陰《ものかげ》に隠されました。

お昼ご飯が終わると、一年生から順に帰ってきます。マコたちは、自動車道が見える庭の端《はし》に座ってみんなを待ちます。

「あっ、じいさま、シゲちゃんたちが帰ってきてじゃった」

向こうの道を五、六人の一、二年生が、かけたりぶつかり合ったりしながら近づいて来るのが見え始めました。

「よっし。へんなら伝令はたのむど。しっかりやってくれよ」

「はいっ！」

マコたちは、元気に返事をすると、じいさまの前に気をつけの姿勢《しせい》で並《なら》びます。順番はみんなで決めてあります。

「よっし。シゲちゃんには『二番椿《つばき》の四本股』ちゅうてくれ」

「はいっ。『二番椿の四本股』」

「アキちゃんは、『池の崖《がけ》、南八列下三段《だん》』」

「はいっ！『池の崖、南八列下三段』」

伝令になったマコたちに次々と暗号が言い渡《わた》されます。

伝令は大急ぎで坂をかけ降《お》ります。村のまん中の道をかけ抜けて、車道《くるまみち》から村に入る橋のところでシゲちゃんたちをつかまえて、一刻《いっこく》も早く大事な暗号を伝えなければならないからです。

坂の下の家のおばあちゃんが、

「まあなにごとかね。そねえに走ってじゃったらこけてでね」

と言っても、池のおじいちゃんが、

「みんなどこへ行くそかよ。きてみい、棗《なつめ》をもいじゃるでよ」

と呼《よ》んでくれても、立ち止まることも、ひと言答えることさえもしません。マコは橋の上でシゲちゃんたちをつかまえました。

「シゲル殿《どの》！」

マコが大声でシゲちゃんに呼びかけます。立ち止まったシゲちゃんも、

「はいっ！」

と元気に答えると、気をつけをしてまっすぐマコの前に立ちます。マコがちょっと背伸《せの》びをし

てシゲちゃんの耳に口を近づけると、シゲちゃんがかがんでくれます。

「二番椿の四本股であります」

マコはシゲちゃんの耳にこっそりと伝えます。

マコたちのとなりでは、マコと同い年のヨシ坊《ぼう》がアキちゃんに暗号を伝えています。こうして、学校から帰ってきた一、二年生の全員に暗号は伝わりました。


「おじさーん、見つけたよー」

ピカピカのビー玉やコマを手にしたシゲちゃんたちが坂を登ってくるころ、マコたちは庭の端に座《すわ》って、遠くの道を帰ってくるもっと大きな子たちを見つけました。

四年生のエイちゃんたちが帰ってきたのです。

「よっし。シゲはタカオに伝令じゃあ。『蔵《くら》の正面十六歩、ヘソの穴からなに見える』

セイちゃんは、『お蔵のネズミのフンダマリ。井戸《いど》が割れたら大騒動《おおそうどう》』」

じいさまから次々に、あて主だけにわかるはずの暗号が言い渡されます。

伝令が大急ぎで坂をかけ降りると、じいさまとマコたちは、村じゅうが見渡せる庭の端に座っ

て「高見の見物」です。

「あーっ、タカちゃん、そっちじゃないそに」

「そこそこ。セイちゃんはもうちいと前じゃろう、ね、じいさま。あのツツジの木のところじゃろう」

「そりゃあひみつじゃから、まあ、もうちいと黙《だま》って見ちょってみい」

誰かが宝を見つけると「ワーイ、ワーイ」と声援《せいえん》を送ったり、宝のまわりをウロウロしている子のボンヤリをけなしたり、高見の見物はまるでおもしろいお芝居《しばい》を見ているようです。


やがて誰もが探し当てた宝物を持って庭に集まってくると、じいさまは全員をねぎらって、みんなでいっしょに庭が広い野中の家へ大移動《いどう》です。戦争ごっこをするのです。

野中のじいさまはマコのじいさまと同い年でしたが、中風を患《わずら》ってひとりでは歩けなくなってしまいました。でもふたりは、子どものころから「おもしろいことはなんでもいっしょにやった」大の仲良しです。花《はな》の尾《お》村でやる戦争ごっこは、いつでもふたりの大将《たいしょう》がそろわないと始まりません。

中学生も学校から帰ってきました。

縁側に座って采配《さいはい》を振《ふ》るう野中のじいさまを囲む赤組の兵隊たち、庭をはさんで向かい田の畔《あぜ》にあぐらをかいたじいさまと白組の兵隊たち、それぞれに作戦会議が終わると村じゅうの子ども総出《そうで》のビー玉戦争の始まりです。

ビー玉戦争は、庭に線を引いたテニスコートくらいの大きさの四角い戦場《いくさば》にビー玉を散らし、相手の陣地《じんち》に掘《ほ》られた穴に入れるのを競い合う遊びです。穴は直径十五センチほどで、ビー玉が何百個《こ》も入るほど深く掘られます。子どもたちは、宝さがしで手に入れたばかりの新品のビー玉も、家から持ってきた古いビー玉も全部持ち寄って、戦場に散らします。四角い戦場の両端にある直径一メートルくらいの陣地に、双方の城守《しろもり》がひとりずつ入り、棒《ぼう》を持って穴を守ります。兵隊は、戦場に散らしたビー玉を手持ちの親玉ではじいて、三回で敵《てき》かたの穴に入れなければなりません。ねらったビー玉を打ちそこねたり、城守にはじき返されたり、親玉が城守の敷地《しきち》にとどまってしまうと、敵に取られてしまうのだからたいへんです。

大きさも色もさまざまなビー玉が、作戦どおりの配置で並びました。誰もが手に握《にぎ》っている親玉は、今日の宝探しで手に入れたピカピカの大玉です。

「ナムシャン（南無三宝のこと）」

シゲちゃんはカメみたいに首を伸ばしてじーっと敵陣をにらんだまま、なかなか打ち始めません。

「ええどシゲ、俺《おれ》がつづけて打っちゃるから、どれでもええ、ねらいやすい玉をねらえ」

二番手のタカオが助け船を出しました。

「うん」

シゲちゃんが顔を上げてじいさまを見ます。

「おう」

じいさまが大きくうなずくと、

「ナムシャン」

バチン。シゲちゃんの赤い大玉が緑色の大玉を打ちました。

「よーっし」

「ええどー」

白組のみんなが手をたたきます。

「もうちいと右からねろうてみい」

二発目を打ちにいったシゲちゃんに、じいさまが声をかけます。三発目ははずれたけれど、シゲちゃんは自分の玉を取られることなく、緑玉を城守の穴の近くまでもっていきました。

赤組のセイちゃんは、三打でみごとに穴に入れて、一点取ってしまいました。次々に順番がまわって、穴に入ったり、城守に散らされたり、自滅《じめつ》したり。そのたびに、野中の庭で上がる歓声《かんせい》が、村じゅうに響《ひび》き渡ります。

「どっちが勝ちよるそかよ」

山や田に行っていたお父ちゃんや大きなお兄ちゃんたちも集まってきました。

「オッ、次はアキラか。よしアキ、親玉をこっちいかせ。父ちゃんが打っちゃろう。あの大きな赤玉をねろうちゃろう」

赤組のアキ君のお父ちゃんが、アキ君の握っていた親玉を取り上げて、ねらいにつきました。

「あーっダメ。大人はダメー」

「代打はダメー。反則《はんそく》じゃあね」

白組の子どもたちが口々に抗議《こうぎ》します。

「なにゅう言うか。俺も昔は子どもじゃったそでよ。子どもじゃったことのあるもんは、誰でもビー玉戦争の兵隊じゃあ」

お父ちゃんは、わけのわからない理由を言いながらねらいをつけます。

「タイショー」

女の子や小さな子たちが、じいさまの助けを呼びます。

「まあやらしちゃれ。安夫さはどうせ昔からヘタクソじゃあ。よう当てまあでよ」

じいさまにそう言われてお父ちゃんは、「見ちょれよ」とピカピカ光るアキ君のビー玉に「ナムシャン」とツバキをひっかけて赤い大玉をねらって打ちました。ハズレです。

「ありゃあー」

お父ちゃんは頭をかきかき引っこみました。アキ君の大玉は敵陣です。

この春結婚《けっこん》したマア兄ちゃんは、嫁《よめ》さんといっしょに見ていました。

「よっし、俺がひとつ挽回《ばんかい》しちゃろう」

力持ちでスポーツ万能のマア兄ちゃんは、かっこうをつけて横打ちで大玉をねらっています。

「エイッ！」

マア兄ちゃんの玉は、シューッと走ってどの玉にも当たることなく場外まで飛び出してしまいました。

「ありゃまあ、腕《うで》がにぶったでよ」

みんな大笑いです。

「へんならうちもやらしてもらおう」

お嫁さんが笑いながら前に出てきました。

「マア兄ちゃんの嫁さんは赤組よ。うちの玉を貸《か》してあげるから赤組でやって」

マミちゃんが呼びます。

「婿《むこ》さんをやっつけろ」

「マア兄なんか尻《しり》にしいちゃれ」

あっちこっちから声援が飛ぶ中で、お嫁さんはみごとに穴に入れてしまいました。「まいった まいった」と、てれ笑いするマア兄ちゃんにみんな大笑いです。いつの間にかビー玉戦争は、子どもたちだけでなく「昔は子どもだったから今も子どもの資格《しかく》がある」というお父ちゃんたちや、子どもやお父ちゃんを応援《おうえん》するお母ちゃんやおばあちゃんも引き寄せて、村総出の大合戦のようになってしまいました。

「いつまでやってのそかね。はあ晩ご飯ができるよ」

野中のお母ちゃんが声をかけると、みんながいっせいに、

「勝負がつくまで」

と答えます。

「まあ仕方がない。松明《たいまつ》をつけてでもやってのいきおいじゃから」

おばあちゃんたちも笑いあって言います。

戦場にある全部のビー玉が穴におさまったらおしまいです。穴に入れたビー玉は、それぞれの組のみんなで平等に分けます。はじめに出した数よりも増《ふ》えた子もいれば減《へ》った子もいます。「ワシもふたつ入れたそじゃから、ワシにもおくれ」とダダをこねるお父ちゃんもいます。でも途中《とちゅう》参加の大人たちに分け前はありません。この分け前が次のお祭りまで各人の持ち玉になるのですから、しばらくのあいだ、子どもたちはこの日の勝負をくり返し語り合うことになります。

学校は「物をかけた勝負ごと」を禁止《きんし》しています。ですからビー玉戦争は、両軍の大将がそろったときだけ開かれる、花の尾村だけのひみつの遊びです。

赤い風車《かざぐるま》

「タイショウ川に落ちたよ。タイショウ死んだよ」

ペッチン君のお母ちゃんがとっても怖《こわ》い顔をして、大声で叫《さけ》びながら下の坂を登って来ました。

春の朝、マコとノコは縁側《えんがわ》に立って、上の坂から自転車で出勤《しゅっきん》する父さまを見送ったばかりでした。

マコは、ノコといっしょに野中へあずけられました。ノコをおんぶした野中のお母ちゃんに手を引かれて川の淵《ふち》に行くと、村の人や勤め人や登校途中《とちゅう》の子どもたちが大勢《おおぜい》集まって川をのぞいています。

川の中には服を着たままの父さまや野中のお父ちゃんやお兄ちゃん、ペッチン君のお父ちゃんと村のおじさんたちが何人も入っていました。じいさまとじいさまの黒い大きな自転車が、淵《ふち》の一番深いところに沈《しず》んでいます。

やがて川の底から引き上げられたじいさまは、誰《だれ》かが持って来た戸板《といた》の上に、両手両足を大の字に広げて、いっぱいいっぱいに寝《ね》たまま、向こう岸に芽吹《めぶ》き始めた葭《あし》のあいだを村の方へと連れていかれました。

じいさまの自転車が、マコの座る補助《ほじょ》イスを付けたまま水から引き上げられたとき、マコの近くにいた誰かが、

「マコちゃんにおみやげがあったみたいよ」

と言いました。道から見ていたみんなが声を出して泣き始めました。

前の晩《ばん》、じいさまは帰って来ませんでした。じいさまは朝から「ちょっと頭が痛《いた》い」と言っていましたが、「ワシが行っちゃらんと、どねえもなるまあ」と言って、うちじゅうで近くの村に住む親戚《しんせき》の棟上《むねあ》げに出かけたのです。

夕方には女と子どもは引き上げて、勤め帰りの父さまが立ち寄《よ》ったときには、存分《ぞんぶん》に飲んだ様子のじいさまが、「ワシはもうちいとおっちゃろう」と言って「オマエは先にいんじょれ（帰っておれ）」と言ったそうです。大酒飲みのじいさまは、そのまま親戚の家か田島に泊《と》まったものと、うちじゅうの者が思っていました。

じいさまは、かわいい甥《おい》の家の棟上げで大好きなお酒をたっぷり飲んだあと、家に帰る途中で脳卒中《のうそっちゅう》になって、自転車ごと高い崖《がけ》から川に落ちて死んでしまったのです。

学生たちが川をのぞいて「人が落ちている」と騒《さわ》いでいるところへ、じいさまといっしょに山仕事に行くために朝早くやって来たペッチンのお父ちゃんとお母ちゃんが、「ウチらのタイショウだ」と気づいて、あわてて知らせに走ってくれたのでした。

そのとき、じいさまは五十七歳《さい》、マコは五歳でした。


マコが学校に上がるようになると、よく上級の男の子たちが、

「おまえは久治《ひさじ》おじさんかたの子か」

と聞きにきました。

「死んじゃったろうがや」

「うん」

マコが答えると
「ひさーじおじさん一等賞、こけーてころげてすべりこみ……」とか「ひさーじおじさん屁《へ》が上手……」と、じいさまのひょうきんぶりを節をつけて手を振《ふ》り足を上げながら歌って、マコを笑わせてくれる子もいました。

マコは「久治おじさんかたの子」ということで、大きい子たちにずいぶんかわいがられました。

じいさまの父さま、つまりマコのひいじいさまは、長いあいだ議員や村長をつとめ、「学校や

駅を建てた人」と言われていました。じいさまは五人姉弟の長男でした。じいさまの弟は、十三歳くらいのときにはしかで亡くなったそうですが、三人の姉はみんな高等女学校や女子師範《しはん》を出て学校の先生になりました。でもじいさまは、「ワシは樵《きこり》じゃあ」とか「猟師《りょうし》じゃあ」と称《しょう》して、いつも「金も物もいらん」と言っては、人が「あの山がほしい」と言えばその山を、「こっちの田がもらいたい」と言えばその田をあげてしまって、欲《よく》のないことこの上ない人でしたので、家にはなんにもなくなってしまったそうです。花の木では戦後の農地改革《のうちかいかく》※のとき、当時の家族の人数に合わせて、赤ん坊も年よりもひとりに数えて田畑を「公平に」振《ふ》り分けたそうですが、それをじいさまは誰よりも積極的にやって、当時じいさまとばあさま、そして養女《ようじょ》のかあさまの三人家族だったじいさまの家は多くの田畑を失ったそうです。

「なして姉弟の中で、じいさまだけ上の学校に行ってじゃあなかったそ」

マコはじいさまの一番上のお姉さんのモヨばあさまに聞いたことがあります。

「久治《ひさじ》さあは、中学校を出てから山辺医院のぼっちゃんといっしょに京都の学校へ行ってじゃったが、二年か三年かしたころに、まだ学業が終わらんまんまに帰ってきてじゃった。それからは役所へ出てくれとすすめる人があっても、学校で子どもらに勉強を教えてやってくれちゅうてたのむ人があっても、『ワシは樵をやる』とか『百姓《ひゃくしょう》じゃから』ちゅうてことわってじゃった。

※農地改革……　第二次世界大戦後、地主がもっていた農地を国が買い上げ、小作人に安く売り渡した。そのため、それまで地主のもとで小作料をおさめながら農業をしていた人びとが、自分で土地を持ち、農業を営むことができるようになった。

京都でなにがあったそか、どうして戻《もど》ってきたものか、知っちょってそは、お父《と》さあと田島のじいさま（モヨばあさまの夫）と山辺先生だけしかおらん。お母《か》さあにも私《わたし》らあにも、ないしょの話じゃった」

と言うばかりです。

近所のおじさんたちの中には、普請《ふしん》※明けや法事でうちに来てお酒を飲むと、いつも「これのおじさまには生きさせてもろうたからね」と話す人が何人もいました。

マコたちが小学校の授業《じゅぎょう》で〈花の木の人たち〉を調べたときのこと。おとなりの花畑村では、戦争で家族が亡《な》くなったり大けがをした家は十八軒《けん》のうち十一軒で、戦争未亡人《みぼうじん》は七人でした。ところが、花《はな》の尾《お》村では戦争で亡くなった家は十八軒のうち四軒だけ、未亡人はふたりで、大きく違《ちが》うことに気づきました。その理由をお年よりに聞くと、多くの人が「花の尾には久治さんがおいでてじゃったから」と言います。

じいさまは、村の若者《わかもの》に徴兵検査《ちょうへいけんさ》が来ると「前祝いをしちゃる」と言って、前の晩に若い人たちを呼《よ》び集めて大宴会《えんかい》を開いたそうです。

「お前が兵隊に行こうが行くまいが、戦争の勝敗には大差がない。じゃけどのう、お前が兵隊に取られると、お前の子も、嫁も親も兄弟もみんな弱って、家は立ちゆかんようになろうでよ。花の木も困《こま》る。今、兵隊に行くよりはここに残って家も村も守って、米をいっぱい作ってくれる方がよっぽどお国のためじゃから、兵隊には取られるな」

おじさんたちは、こうくどかれ、大酒を飲まされたと言います。こうしてマコより五つ以上年上の子のお父ちゃんたちは、みんな〈不合格《ふごうかく》〉になってしまったそうです。

そんなことを母さまやばあさまに聞くと、ふたりはいつも「そねえな話はよそへ行ってしてじゃあないがええよ」と言います。

中学校以来のじいさまの大親友で、京都の学校へいっしょに行った山辺先生は、医者になって帰郷《ききょう》したとき、「花の木の子どもをひとりも病気で死なせんようにみてやってくれ」と、じいさまとひいじいさまに頼《たの》まれたそうです。先生はその願いを聞いて、何十年間も花の木の校医を務《つと》めました。


じいさまのお葬式《そうしき》の日、屏風《びょうぶ》を立てて仏間《ぶつま》に寝ているじいさまと大勢《おおぜい》のお客さまの前で、マコとふたりの従姉《いとこ》は、お振《ふ》り袖《そで》を着て、チリンチリン帯を巻《ま》いて、「雨降《ふ》りお月さん」を踊《おど》りました。

マコたちはずい分上手に踊ったはずなのに、レコードが止まっても、じいさまはいつものように「上手じゃのう」とも「きれいじゃのう」とも言ってはくれません。大勢の大人たちが泣き顔で、パチ、パチ、パチと手を鳴らしてくれる中で、晴れ着を着せてもらったノコだけが、うれしそう

※普請……　家の修理や土木工事を住民が共同で行う互助活動のこと。

に「姉さま上手よー、上手よー」と手をたたいていました。

じいさまのお棺《かん》が縁側を降りました。縁側の端《はし》の柱では、春祭りの日にじいさまが買ってくれた赤い風車《かざぐるま》が、日差しの中で光りながらカラカラカラカラ、音を立てて回っていました。

それは子ども心にも、とても場違いなようでした。でもマコには、じいさまがまたみんなをおもしろがらせてくれているように思えます。

「わしがおらんようになっても、おもしろいことをいっぱいせえよ」

それは、誰にも言わない、マコとじいさまだけのひみつの合図なのでした。

解説

清水眞砂子

絵本『もりのなか』（マリー・ホール・エッツぶん・え　まさきるりこ訳《やく》　福音館書店）を母親に読んでもらった子どもが、「これ、ぼくのこと？」とたずねたという話を聞いたことがあります。

二〇一六年初冬、送られてきた分厚《ぶあつ》い封筒《ふうとう》を開けて本書の校正刷を読みだしたわたしも、この坊《ぼう》やと全く同じように、たちまちそこに小学校時代のわたし自身を見つけて、わくわくし始めました。この山里のにおい。聞こえてくる子どもたちの声。野良仕事に精《せい》出す大人たち。朝に夕に家事労働の一端《いったん》を責任《せきにん》をもって担《にな》っていた子どもたち。祭りの日に、八幡《はちまん》さまの杜《もり》での芝居《しばい》見物に出払《ではら》って、がらんと人気のなくなった集落。そうです。一九五〇年代、わたしの育った集落にも、留守《るす》にするからと鍵《かぎ》などかける家はどこにもありませんでした。遠出する子どもに声をかけ、帰ってくればきたで、「お帰り」と次々声をかける村人たち。大きくなるにつれて、それを時にうっとうしく感じるようにもなりましたが、わたしもまた親の子、家の子であると同時に村の子どもでした。

育った土地も違《ちが》えば、日常《にちじょう》話される言葉にも違いはあるけれど、このマコたちの物語は大きく腕《うで》をひろげて、老いを生きるわたしの中に今もなお息づいていた子どものわたしをしっかと抱《だ》きしめてくれました。うれしかった。子どもの日々が、晴れた日も曇《くも》った日も、すべて肯定《こうてい》されたように思いました。以来わたしは三度、この本の扉《とびら》を開けて、マコたちに会いに行きました。三度も訪《たず》ねれば、どんなに面白い物語にも多少の既視感《きしかん》は感じられるものです。でも、この本に収《おさ》められたお話にそれは全く感じられませんでした。それどころか、読むたびにさらに新しい発見があり、共感が生まれてくるのでした。

発見には喜びの発見もあれば、悲しみの発見もあり、さらには、おそれの発見もありました。自分を取りまく世界へのおそれだけでなく、自分自身へのおそれも、そこには含《ふく》まれていました。（おそれと表現《ひょうげん》したのは、恐れもあれば、畏れもあったからです。）年経《へ》ての気づきではない。幼《おさな》かったマコたちと同じように、子どものわたしも、あの頃《ころ》すでにこうしたものに気づいていた。そう思い知らされるのでした。読むたびにわたしはここに収められた物語のひだの深さに喜び、同時に驚愕《きょうがく》の度を深めていきました。

こんな淵《ふち》にまで行ってしまっている！　わたしはひやっとし、でも、わたし自身、子ども時代同じような淵に立ちながら、すんでのところでこちらに戻《もど》ってきたことに気づかされるのでした。

子どもとて、いつもいつも家族や共同体に暖《あたた》かく見守られているわけではありません。気づかないでいられたらそれにこしたことはない社会の、あるいは社会を構成《こうせい》する人間個々《ここ》のもつ闇《やみ》はどこにでもあって、いくら大人たちが子どもたちを見守ろうとしても、その見守りが手薄《てうす》になったり、破《やぶ》れ目が生じてしまうことはある。そんな時、子どもは全く無防備《むぼうび》なまま、闇の前に立たされてしまう。こうしたことはおそらく誰《だれ》の子ども時代にも、一度や二度あるのではないでしょうか。たとえば「祭りの日」のマコが風呂《ふろ》を沸《わ》かしに入った隣家《りんか》の台所で出くわしてしまったできごとのように。

では、マコは目にしてしまったこの世の裂《さ》け目、得体の知れないその闇に、打ちのめされてしまったか。いいえ、マコが身を置く日常はそんなものに壊《こわ》されてしまうような薄っぺらな、やわなものではありませんでした。見なかったこと、なかったことにしなければ生きていけないようなひ弱なものではありませんでした。ショックは受けても、なおそれを黙《だま》って引き受けて、心のすみにとどめ置く賢《かしこ》さ、懐《ふところ》の深さをマコは幼くてすでにそなえていました。マコだけではありません。ここに登場する子どもたちの自主性《じしゅせい》と慎《つつ》ましさ、倫理性《りんりせい》の高さに大人の読者は驚かされるかもしれません。でも、驚いた一分後には、いや、自分たちにだってこういうところはいっぱいあった。そう気づかされるに違いありません。祭りの日のすてきな風呂炊《た》きまでは思いつかなかったにしても、働く親たちを少しでも助けようと労働を厭《いと》わない子どもはたくさんいましたし、今だって、あちこちにいるはずです。そうそう、「いっきょうさんのごあいさつ」に登場する子どもたちの思い、その苦労に「わかるう」とうなずく子どもたちもまた、今だって、日本の、いえ、世界のあちこちにいるのではないでしょうか。他者への思いがあつければあついほど、心だけでなく頭も使わなくてはならない。こうやって子どもたちは昔も今も、いろんな人との付き合い方を学んでいったのでした。いえ、人だけでなく、時には物との付き合い方だって、と書いてついつい笑ってしまったのは「やさしさのひみつ」を思い出したからですが、今や、ともすると介護《かいご》の対象としてしか見られない寝《ね》たきり老人の尿瓶《しびん》の尿に、これほどの美しさを発見する子どもたちを、今まで誰が書いておいてくれたことでしょう。

ところで、第一部最後の「四つ身の花嫁衣装《はなよめいしょう》」が自らの老いへの準備《じゅんび》も怠《おこた》らず、りんと生きてきたおばあさんの、それでもやってしまった思い込《こ》みが生んだ物語とすれば、「コウちゃんが不良になった日」は、隣の部屋からとぎれとぎれに聞こえてきたおばあさんたちの話を間違って受け取り、勝手に心配しだした姉妹の話で、けれどわたしにもやっぱり覚えはあって、大人から見ればこっけいこの上ないことでも、子どもはこういう生きるか死ぬかの心配をしてしまうものだと、大好きなコウちゃんを思うゆえのその必死さが、とても他人事には思えませんでした。

ところで、誰の子ども時代にも第一部「花の木の里の物語」に再現《さいげん》されているようなドラマはあったはずなのに、わたしたちはしばしばそれを幼稚《ようち》なものとして、さらには大人を生きるにはむしろ邪魔《じゃま》になるものとして、葬《ほうむ》り去ろうとしてしまいます。自分の外にいる子どもたちと心を通わせようとする人はあっても、絵本『かいじゅうたちのいるところ』の作者モーリス・センダックのように、「自分の中の子どもと連絡《れんらく》を取り合い、しかとつかんでおこう」とする人はそうそういるものではありません。ちなみにセンダックは、自分の外の子どもと心を通わせようとすることを大事なことではあっても、二義的《にぎてき》なことと言い切っています(『オンリー・コネクトⅢ』所収「かいじゅうたちにかこまれて」)。

加藤典洋《かとうのりひろ》は「自分の中の子どもを育てることによってしか人は大人になれない」と言い、瀬田貞二《せたていじ》は「うんと子どもでうんと大人であれ」と学窓《がくそう》を巣立つ学生たちに呼《よ》びかけ、C・S・ルイスもまた「子どもの本の書き方三つ」(『オンリー・コネクトⅢ』所収)で、「子ども時代の好みを失って新しいものを好むようになるのなら、それは成長ではなく変化にすぎず、子ども時代のものに新しい好みを加えてこそ成長ではないか」と人々を挑発《ちょうはつ》しています。

では、この本の書き手はといえば、彼女《かのじょ》もまた多くのすぐれた子どもの文学の書き手たちと同じく、子どもを庇護《ひご》の対象としてのみ捉《とら》える愚《ぐ》をおかしてはいません。どうしてその愚を免《まぬが》れたのか。

第二部「ガキ大将《だいしょう》じいさまのこと」に入って、わたしはその答えの大事なひとつをもらったように思い、大きくうなずいてしまいました。作者には、人生の、人間の大先輩《だいせんぱい》がいたと知ったからです。瀬田貞二の言う「うんと子どもでうんと大人」の大先輩が。このじいさまの存在《そんざい》が幼かった作者をそそのかしたこと、そそのかしたこと！　そのそそのかし方のうまいこと！　楽しいこと！

作者は一方に、濃《こま》やかな互いへの心遣《づか》いがあってこその日常の大切さを書きながら、若《わか》き日、一時期学問を志《こころざ》して京都に出たものの、それをこえる何か大切なものの存在に気づいて、卒業を待たず故郷《こきょう》に戻ってきたじいさまの、村の子どもたちをまき込んでの「ガキ大将」ぶりを描《えが》いて、わたしたちを驚かせ、大いに楽しませてくれます。じいさまは根っからそうだったのか。小さな種はあったかもしれませんが、わたしには、じいさまはどうも意思して「うんと子どもでうんと大人」を生きた方のように思われてなりません。じいさまは深く、しんとした湖を内にもっておられた。マコもそれをひき継《つ》いでいる。そうでなくて、どうしてマコに語って聞かせた「逃《に》がしてやった鹿《しか》の姿《すがた》の美しさ」が一言の描写もないのに読み手にイメージできるものでしょう。

このガキ大将じいさまに中学校以来の「大親友」、医者の「山辺先生」がいてくれたこと。そのわずか数行の言葉に熱くこみあげてくるものを覚えてしまったのは、わたしもまた、このじいさまに連なる人々をわずかながら見てきたからかもしれません。

それにしても、とあと少しだけペンを持っていたくなりました。だって、こんなに喜びを覚えた本にはここ何年と出会っていなかったから。なぜこんなにうれしくなってしまうの？と考えてはっとしました。人々、とりわけ社会の縁《へり》におしやられている人々への書き手のまなざしが違うのです。やさしいとかあたたかいを越《こ》えた意思とでも呼びたいものがここにはある。

実際《じっさい》の人々の状況《じょうきょう》はこんなものではなかったかもしれません。けれど、その状況を変え、共に幸せに暮《く》らしたいと意思する「じいさま」をはじめとする人々がいたこともたしかでした。気がつけば今だって、「じいさま」たちの願いは形こそ変われ、脈々と引き継がれて、人々の中に生き続けている。そう、あなたの中にもわたしの中にも。やっと、わくわくのわけがわかってきました。今度こそペンをおきます。また初めから読みたくなってきましたので。

（児童文学者、翻訳家）

あとがき

こんなささやかな出会いと経験を「宝物」にして生きてきました。出会うことのできた多くの友人、知人たちに励まされ、支えられて本にしていただくことができました。とってもうれしいです。

出版を引き受けてくださった現代企画室のみなさん、特に編集の前田礼さんには、繰り返し温かい助言や励ましをいただき、ことのほかお世話になりました。ＵＢＵＳＵＮＡの上浦智宏さん、上浦彩さんは、こんなに愛らしく楽しい挿絵を描いてくださいました。児童文学者の清水眞砂子さんは、拙い原稿を繰り返し読み、ていねいな解説を書いてくださいました。大きな勇気をいただきました。

この場をお借りして心からの感謝を申し上げます。そしていま、『マコの宝物』の旅立ちの時、新しい出会いの予感にワクワクしています。

ありがとうございます。

二〇一七年二月　　えきたゆきこ

【著者紹介】
えきた ゆきこ
本名 浴田由紀子。1950年山口県長門市に生まれる。北里大学卒業。臨床検査技師となる。74年、東アジア反日武装戦線大地の牙に参加。75年、逮捕。77年、日本赤軍のダッカ・ハイジャック闘争で超法規的に釈放されアラブへ。95年、ルーマニアで拘束され日本に強制送還、服役。2017年3月、20年の刑期を終え出所。

マコの宝物

発　　行　2017年3月25日初版第1刷
定　　価　1500円＋税
著　　者　えきた ゆきこ
装丁・挿画　上浦智宏、上浦彩（UBUSUNA）
発 行 者　北川フラム
発 行 所　現代企画室
東京都渋谷区桜丘町 15-8-204
Tel. 03-3461-5082 Fax. 03-3461-5083
e-mail: gendai@jca.apc.org
http://www.jca.apc.org/gendai/
印 刷 所　中央精版印刷株式会社

ISBN978-4-7738-1703-4 C0095 Y1500E

の里
桧山の里
川端村
いっきょうさんの家
野中家
マリの家
花の尾村
マコの家
大沢家